पहली बारिश

ग़ज़ल-संग्रह

पहली बारिश

अज़ीज़ नबील

राधाकृष्ण प्रकाशन

ISBN : 978-81-8361-922-6

पहली बारिश

© अज़ीज़ नबील

पहला संस्करण : 2019

मूल्य : ₹395

प्रकाशक

राधाकृष्ण प्रकाशन प्राइवेट लिमिटेड

जी-17, जगतपुरी, दिल्ली-110 051

शाखाएँ : अशोक राजपथ, साइंस कॉलेज के सामने, पटना-800 006

पहली मंजिल, दरबारी बिल्डिंग, महात्मा गांधी मार्ग, इलाहाबाद-211 001

36 ए, शेक्सपियर सरणी, कोलकाता-700 017

वेबसाइट : www.radhakrishnaprakashan.com

ई-मेल : info@radhakrishnaprakashan.com

मुद्रक : बी.के. ऑफसेट

नवीन शाहदरा, दिल्ली 110 032

PAHALI BARISH

Ghazals by Aziz Nabeel

ये बूँदें पहली बारिश की, ये सोंधी ख़ुशबू माटी की
इक कोयल बाग़ में कूकी है, आवाज़ यहाँ तक आई है

क्रम

पहली बारिश

1

बे-सबब ही कभी, आवाज़ लगाओ तो सही।
अपने होने का कुछ एहसास दिलाओ तो सही।
साँस लेता हुआ हर रंग नज़र आएगा,
तुम किसी रोज़ मिरे रंग में आओ तो सही।
ताकि फिर रात की तस्वीर उतारी जाए,
इन चराग़ों को ज़रा देर बुझाओ तो सही।
ज़िंदगी जिस्म से बाहर भी नज़र आए कभी,
कोई हंगामा सर-ए-राह उठाओ तो सही।
हौसला है तो जज़ीरा भी तुम्हारा होगा,
ख़ौफ़[1] की कश्तियाँ साहिल पे जलाओ तो सही।
मेरी मिट्टी में मुहब्बत ही मुहब्बत है 'नबील',
छू के देखो तो सही, हाथ लगाओ तो सही।

---

1. डर

2

मैं दस्तरस[1] से तुम्हारी निकल भी सकता हूँ।
ये सोच लो कि मैं रस्ता बदल भी सकता हूँ।
क़लम है हाथ में किरदार[2] भी मेरे बस में,
अगर मैं चाहूँ कहानी बदल भी सकता हूँ।
तुम्हारे बाद ये जाना कि मैं जो पत्थर था,
तुम्हारे बाद किसी दम पिघल भी सकता हूँ।
मिरी सरिश्त[3] में वैसे तो ख़ुश्क[4] दरिया हैं,
अगर पुकार ले सहरा उबल भी सकता हूँ।
उसे कहो कि गुरेज़ाँ[5] न यूँ रहे मुझसे,
मैं एहतियात[6] की बारिश में जल भी सकता हूँ।

1. पहुँच, 2. नायक, 3. प्रकृति, 4. सूखे, 5. अनिच्छुक, 6. सावधानी

3

ख़ामुशी[1] टूटेगी, आवाज़ का पत्थर भी तो हो।
जिस क़दर[2] शोर है अन्दर, कभी बाहर भी तो हो।
बुझ चुके रास्ते, सन्नाटा हुआ, रात ढली,
लौट कर हम भी चले जाएँ मगर घर भी तो हो।
बुज़दिलों[3] से मैं कोई मार्का[4] जीतूँ भी तो क्या,
कोई लश्कर मिरी हिम्मत के बराबर भी तो हो।
मुस्कराना किसे अच्छा नहीं लगता या-रब,
मुस्कराने का कोई लम्हा मयस्सर[5] भी तो हो।
छोड़कर ख़्वाब का सय्यारा[6] कहाँ जाऊँ 'नबील',
कुर्रए-शब[7] पे कोई जागता मंज़र भी तो हो।

---

1. चुप्पी, 2. जितनी मात्रा में, 3. डरपोकों, 4. लड़ाई, 5. प्राप्त, 6. ग्रह, 7. क्षेत्र

4

ये किस मुक़ाम[1] पे लाया गया ख़ुदाया मुझे।
कि आज रौंद के गुज़रा है मेरा साया मुझे।
मैं जैसे वक़्त के हाथों में इक ख़ज़ाना था,
किसी ने खो दिया मुझको किसी ने पाया मुझे।
मैं एक लम्हा[2] था और नींद के हिसार[3] में था,
फिर एक रोज़[4] किसी ख़्वाब ने जगाया मुझे।
इसी ज़मीं ने सितारा किया है मेरा वजूद,
समझ रहे हैं ज़मीं वाले क्यों पराया मुझे।
ना जाने कौन हूँ, किस लम्हा-ए-तलब[5] में हूँ,
'नबील' चैन से जीना कभी ना आया मुझे।

---

1. ज़गह/स्थान, 2. पल, 3. घेराबंदी, 4. दिन, 5. चाहत के पल

5

जिस तरफ़ चाहूँ पहुँच जाऊँ मसाफ़त[1] कैसी।
मैं तो आवाज़ हूँ आवाज़ की हिजरत[2] कैसी।
फिर नए साल की सरहद पे खड़े हैं हम लोग,
राख हो जाएगा ये साल भी, हैरत कैसी।
और कुछ ज़ख़्म मिरे दिल के हवाले मिरी जाँ,
ये मुहब्बत है मुहब्बत में शिकायत कैसी।
हम जुनूँ वाले हैं, हमसे कभी पूछो प्यारे,
दश्त[3] कहते हैं किसे, दश्त की वहशत[4] कैसी।
आपके ख़ौफ़ से कुछ हाथ बढ़े हैं लेकिन,
दस्त-ए-मजबूर की सहमी हुई बैअत[5] कैसी।
मैं किसी आँख से छलका हुआ आँसू हूँ 'नबील',
मेरी ताईद[6] ही क्या, मेरी बग़ावत कैसी।

1. दूरी, 2. पलायन, 3. रेगिस्तान, 4. डर/बेचैनी, 5. दीक्षा प्राप्त करना/मुरीद बनना, 6. समर्थन

6

रात का तारीक[1] जंगल और ये आवारगी।
रास्ते आँखों से ओझल और ये आवारगी।
सर्द मौसम, तेज़ बारिश, और लंबी रात है,
राह दलदल, गाँव जल-थल और ये आवारगी।
जाने किस अंजाम तक पहुँचे मुसाफ़त[2] की थकन,
नींद हर पल, जिस्म बोझल और ये आवारगी।
देर तक रहना है तन्हा, शहर की सड़कों में गुम,
वक़्त बे-कल, में हूँ पैदल और ये आवारगी।
प्यास का बे-अंत मौसम रूह तक उतरा हुआ,
रेत, सहरा, ख़ुश्क[3] छागल[4] और ये आवारगी।
रोशनी पी कर सितारे इक मुसलसल रक़्स[5] में,
मैं हूँ और इक ख़ाली बोतल और ये आवारगी।
साथ मेरे चल रही हैं अजनबी परछाइयाँ,
हर तरफ़ बेनाम हलचल और ये आवारगी।
रात-दिन के सिलसिलों से मावरा आवारगाँ,
तुम भी पागल, मैं भी पागल और ये आवारगी।

---

1. अँधेरा, 2. दूरी, 3. सूखी, 4. पानी का बर्तन, 5. नृत्य

7

राब्ते[1] तोड़ कर जाने वाला गया, हमने रोका नहीं।
किस ने क्या पा लिया , किस ने क्या खो दिया, हमने सोचा नहीं।
एक परछाईं थी, एक रोशन[2] दिया, रात गहरी हुई,
तेज़ आंधी चली और फिर क्या हुआ, हमने देखा नहीं।
बस ये देखा कि सूरज़ की किरनों में कोई नदामत[3] सी थी,
डूबते चाँद ने सुबह से क्या कहा, हमने पूछा नहीं।
रात आई तो आँखों की मेहराब[4] में रत-जगे जल उठे,
ख़ाब का सिलसिला, नींद का रास्ता, हमने ढूँढ़ा उन्हें।
चंद टूटी सदाएँ[5] उठाए फिरे, शायरी कब हुई,
हाँ मगर हुरमत-ए-लफ़्ज़[6] का दायरा हमने तोड़ा नहीं।

---

1. सम्पर्क, 2. चमकता हुआ, 3. पश्चात्ताप, 4. संरचना, 5. आवाज़ें, 6. शब्दों की पवित्रता

8

आसेब[1] सा जैसे मिरे आसाब[2] से निकला।
ये कौन दबे-पाँव मिरे ख़्वाब से निकला।
जब जाल मछेरे ने समेटा है, अलस्सुबह[3],
टूटा हुआ इक चाँद भी तालाब से निकला।
सीने में दबी चीख़ बदन तोड़ के निकली,
यादों का धुआँ रूह के मेहराब[4] से निकला।
मुठ्ठी में छुपाए हुए कुछ अक्स[5], कई राज़,
मैं उस की कहानी के हरइक बाब[6] से निकला।
आवाज़ मुझे देने लगी थी मिरी मिट्टी,
मैं ख़ुद को समेटे हुए महताब से निकला।
कुछ तोहमत-ओ-दुश्नाम[7], शिकायत-ओ-सवालात,
क्या कुछ ना मियां हल्क़ा-ए-अहबाब[8] से निकला।

---

1. तंत्रिकाएँ, 2. नसों, 3. सुब्ह-सवेरे, 4. संरचना, 5. परछाईं, 6. दरवाज़ा, 7. इल्ज़ाम व गालियाँ/अभिशाप, 8. दोस्तों की ओर से/दोस्तों के समूह/क्षेत्र से

9

वही जो रिश्ता है कश्ती का सतह-ए-आब[1] के साथ।
वही है मेरा ताल्लुक़ भी अपने ख़्वाब के साथ।
यहीं कहीं तो चमकती थी इक तिलिस्मी[2] झील,
यहीं कहीं तो मैं डूबा था अपने ख़्वाब के साथ।
छलक रही थी किसी इंतिज़ार की छागल,
भटक रही थी कहीं प्यास इज़तिराब[3] के साथ।
उलझ रही थी मुसलसल सवाल की लुक्नत[4],
मुकालमा[5] ना कोई हो सका जवाब के साथ।
हर एक हर्फ़ सितारा, हर एक लफ़्ज़ चिराग़,
मैं नूर-नूर[6] हुआ रात की किताब के साथ।
ये किस के लम्स[7] की बारिश में रंग रंग हूँ मैं,
ये कौन मुझसे गुज़रता है आब-ओ-ताब[8] के साथ।
सँभल के चलना, ये ताबीर[9] की सड़क है मियां,
बँधी हुई कई आँखें हैं एक ख़्वाब के साथ।
मैं रेत होने ही वाला था जब अज़ीज़ 'नबील',
उम्मीद-ए-आब[10] धड़कने लगी सराब[11] के साथ।

---

1. पानी की सतह, 2. तांत्रिक/ज़ादुई, 3. बेचैनी, 4. लड़खड़ाना/अटकना, 5. बातचीत, 6. ज्योतिर्मय, 7. छूना, 8. आन-बान, 9. ख़्वाब का पूरा होना/स्वप्न फल, 10. पानी की उम्मीद, 11. मृगतृष्णा/भरम

10

हयातो-कायनात[1] पर किताब लिख रहे थे हम।
जहाँ-जहाँ सवाब[2] था अज़ाब[3] लिख रहे थे हम।
सवाल था कि जुस्तजू[4] अज़ीम[5] है कि आरज़ू[6],
सो यूँ हुआ कि उम्र-भर जवाब लिख रहे थे हम।
मुझे बताना ज़िंदगी वो कौन सी घड़ी थी जब,
ख़ुद अपने अपने वास्ते अज़ाब लिख रहे थे हम।
चमक उठा हर एक पल, महक उठे क़लम-दवात,
किसी के नाम दिल का इंतिसाब[7] लिख रहे थे हम।
हमारी तिश्नगी[8] का ग़म रक़म था मौज-मौज पर,
समंदरों के जिस्म पर सराब लिख रहे थे हम।
सुलगते दश्त[9], रेत और बबूल थे हर एक सू,
नगर-नगर, गली-गली गुलाब लिख रहे थे हम।
ज़मीन रुक के चल पड़ी, चराग़ बुझ के जल गए,
कि जब अधूरे ख़्वाबों का हिसाब लिख रहे थे हम।

---

1. जीवन व ब्रह्माण्ड, 2. पुण्य, 3. पीड़ा, 4. तलाश/खोज, 5. महान, 6. चाहत, 7. समर्पित करना, 8. प्यास, 9. रेगिस्तान

11

सुब्ह-सवेरे ख़ुशबू पनघट जाएगी।
हर जानिब[1] क़दमों की आहट जाएगी।
क्या होगा जब साल नया इक आएगा,
जीवन रेखा और ज़रा घट जाएगी।
कितने आँसू जज़्ब[2] करेगी छाती में,
यूँ लगता है धरती अब फट जाएगी।
सारे सपने बाँध रखे हैं गठरी में,
ये गठरी भी अपनों में बँट जाएगी।
हौले-हौले सुब्ह का आँचल फैलेगा,
धीरे-धीरे तारीकी[3] छँट जाएगी।
और भला क्या हासिल होगा सहरा[4] से,
धूल मिरी पेशानी[5] पर अट जाएगी।
नक़्क़ारे[6] की गूँज में आख़िरकार[7] 'नबील',
सन्नाटे की बात यूँ ही कट जाएगी।

1. हर ओर से, 2. अवशोषित, 3. अँधेरा, 4. रेगिस्तान, 5. माथा, 6. नगाड़ा, 7. अंततः

12

सभी रिश्तों के दरवाज़े मुक़फ़्फ़ल[1] हो रहे हैं।
हमारे बीच जो रस्ते थे दलदल हो रहे हैं।
ज़माने बाद सोया हूँ, मुझे सोने दो कुछ पल,
अधूरे ख़्वाब थे जितने मुकम्मल[2] हो रहे हैं।
अभी तो दश्त आएगा, फिर उस के बाद जंगल,
अभी से क्यों तुम्हारे पाँव बोझल हो रहे हैं।
ये कैसी बे-हिसी[3] की धूल हम पर छा रही है,
ख़ुद अपनी ज़िंदगी से हम मुअत्तल[4] हो रहे हैं।
थकन अब आपकी आँखों में जमती जा रही है,
सो अब हम आपकी नज़रों से ओझल हो रहे हैं।
'नबील' उतरा है कैसा दिलरुबा मौसम ज़मीं पर,
कि जितने नीम थे बस्ती में संदल हो रहे हैं।

---

1. ताला लगा कर बंद करना, 2. पूरे, 3. बेसुध, 4. निलंबित

13

ख़ाक[1] चेहरे पे मल रहा हूँ मैं।
आसमां से निकल रहा हूँ मैं।
चुपके-चुपके वो पढ़ रहा है मुझे,
धीरे-धीरे बदल रहा हूँ मैं।
मैंने सूरज से दोस्ती की है,
शाम होते ही ढल रहा हूँ मैं।
रास्तों ने क़बाएँ[2] सी ली हैं,
अब सफ़र को मचल रहा हूँ मैं।
अब मिरी जुस्तजू[3] करे सहरा,
अब समंदर पे चल रहा हूँ मैं।
ख़्वाब आँखों में चुभ रहे थे 'नबील',
सो ये आँखें बदल रहा हूँ मैं।

---

1. मिट्टी, 2. पोशाक/कोट, 3. तलाश

14

कोई फ़र्याद[1] मुझे तोड़ के सन्न से निकली।
यूँ लगा जैसे मिरी रूह बदन से निकली।
आदतन मैं किसी एहसास के पीछे लपका,
दफ़अतन एक ग़ज़ल दश्त-ए-सुख़न[2] से निकली।
रंग किस का था जो दस्तक से नमूदार हुआ,
किस की ख़ुशबू थी जो कमरे की घुटन से निकली।
किस का चेहरा था जो सदियों के भंवर से उभरा,
कैसी वहशत थी जो बरसों की थकन से निकली।
एक साए के तआक़ुब[3] में कोई परछाईं,
प्यास ओढ़े हुए सहरा-ए-बदन[4] से निकली।
कुछ तो ऐसा था कि बुनियाद से हिजरत[5] कर ली,
ख़ाक यूँ ही तो नहीं अपने वतन से निकली।
राख जमने लगी जब रात की आँखों में 'नबील',
नींद आहिस्ता से बिस्तर की शिकन[6] से निकली।

---

1. दुहाई देना/रोना-धोना, 2. शाइरी/शब्द के रेगिस्तान, 3. पीछा करना, 4. जिस्म के रेगिस्तान, 5. पलायन, 6. चुनहट/सिलवट

15

ये किस वहशत-ज़दा[1] लम्हे में दाख़िल हो गए हैं।
हम अपने आपके मद्दे-मुक़ाबिल[2] हो गए हैं।
कई आँखें यकायक हो गई हैं मुझमें रोशन[3],
कई लहज़े[4] मेरे लहज़े में शामिल हो गए हैं।
वो कुछ पल जिनकी ठंडी छाँव में तुम हो हमारे,
वही कुछ पल तो जीवन भर का हासिल हो गए हैं।
ख़ुदा के नाम से तूफ़ान में कश्ती[5] उतारी,
भंवर जितने समंदर में थे, साहिल हो गए हैं।
उलझते जा रहे हैं जुस्तजू के पर मुसलसल,
ज़मीं ता आसमां कितने मसाइल हो गए हैं!
'नबील' आवाज़ भी अपनी कहाँ थी मुद्दतों से,
जो तुम आए तो हम यकलख़्त[6] महफ़िल हो गए हैं।

1. डरे-सहमे, 2. आमने-सामने, 3. चमकते हुए, 4. अनुलेख/शब्द बोलने का ढंग, 5. नाव, 6. अचानक

16

बहता हूँ मैं दरिया की रवानी से कहीं दूर।
इक प्यास मुझे लाई थी पानी से कहीं दूर।
इक और भी दुनिया है कहीं दूर ज़मीं से,
इक और बदन है तन-ए-फ़ानी[1] से कहीं दूर।
यादों की उड़न तश्तरी[2] ले आई है मुझको,
धरती से अलग, ख़त-ए-ज़मानी[3] से कहीं दूर।
आँखें थीं, नया ख़्वाब था और नींद थी, मैं था,
ऐरात तेरी झूटी कहानी से कहीं दूर।
गुज़रा है मिरा साया अभी छोड़ के मुझको,
बे-साएबाँ[4] लम्हों की गिरानी[5] से कहीं दूर।

---

1. मर-मिटने वाले जिस्म, 2. दूसरे ग्रह का विमान, 3. भूगोल की रेखा, 4. बिना छत/ साये के, 5. महँगाई/पर्याप्त न होना

17

कुछ देर तो दुनिया मिरे पहलू में खड़ी थी।
फिर तीर बनी और कलेजे़ में गड़ी थी।
आँखों की फ़सीलों[1] से लहू फूट रहा था,
ख़्वाबों के जज़ीरे[2] में कोई लाश पड़ी थी।
सब रंग निकल आए थे तस्वीर से बाहर,
तस्वीर वही जो मिरे चेहरे पे जड़ी थी।
मैं चाँद हथेली पे लिए झूम रहा था,
और टूटते तारों की हर एक सिम्त झड़ी थी।
अल्फ़ाज़ किसी साये में दम लेने लगे थे,
आवाज़ के सहरा में अभी धूप कड़ी थी।
फिर मैंने उसे प्यार किया, दिल में उतारा,
वो शक्ल जो कमरे में ज़माने से पड़ी थी।
हर शख़्स के हाथों में था ख़ुद उस का गरीबाँ[3],
इक आग थी साँसों में, अज़ीयत[4] की घड़ी थी।

---

1. क़िले की/ऊँची दीवार, 2. द्वीप, 3. कॉलर, 4. पीड़ा

18

बातों में बहुत गहराई है, लहज़े में बड़ी सच्चाई है।
सब बातें फूलों जैसी हैं, आवाज़ मधुर शहनाई है।
ये बूँदें पहली बारिश की, ये सोंधी ख़ुशबू माटी की,
इक कोयल बाग़ में कूकी है, आवाज़ यहाँ तक आई है।
बदनाम बहुत है राहगुज़र[1], ख़ामोश नज़र, बेचैन सफ़र,
अब गर्द जमी है आँखों में और दूर तलक रुस्वाई[2] है।
दिल एक मुसाफ़िर है बेबस, जिसे नोच रहे हैं पेश–ओ–पस[3],
इक दरिया[4] पीछे बहता है और आगे गहरी खाई है।
अब ख़्वाब नहीं कमख़ाब[5] नहीं, कुछ जीने के अस्बाब[6] नहीं,
अब ख़्वाहिश[7] के तालाब पे हरसू मायूसी की काई है।
पहले कभी महफ़िल ज़मती थी महफ़िल में कहीं तुम होते थे,
अब्र कुछ भी नहीं यादों के सिवा, बस मैं हूँ मिरी तन्हाई है।

1. रास्ता, 2. बदनामी, 3. असमंजस, 4. नदी, 5. नर्म–मुलायम कपड़ा, 6. सामग्री, 7. इच्छा

19

सुब्ह और शाम के सब रंग हटाए हुए हैं।
अपनी आवाज़ को तस्वीर बनाए हुए हैं।
अब हमें चाक पे रख या ख़सो-ख़ाशाक[1] समझ,
कूज़ा-गर[2] हम तिरी आवाज़ पे आए हुए हैं।
हम नहीं इतने तही-चश्म[3] कि रो भी ना सकें,
चंद आँसू अभी आँखों में बचाए हुए हैं।
हमने ख़ुद अपनी अदालत से सज़ा पाई है,
ज़ख्म जितने भी हैं अपने ही कमाए हुए हैं।
ऐ ख़ुदा भेज दे उम्मीद की एक ताज़ा किरण,
हम सर-ए-दश्त-ए-दुआ[4] हाथ उठाए हुए हैं।
हर नया लम्हा हमें रौंद के जाता है कि हम,
अपनी मुठ्ठी में गया वक़्त छुपाए हुए हैं।

---

1. घास-फूस के तिनके, 2. कुम्हार, 3. नग्न-आँख, 4. दुआ के रेगिस्तान के किनारे

20

जाने किस लम्स की तासीर[1] से पत्थर हुआ मैं।
एक ठहरी हुई दुनिया का पयम्बर[2] हुआ मैं।
अनगिनत सदियों की ठोकर है मिरे सीने पर,
एक-दो दिन में नहीं मील का पत्थर हुआ मैं।
मुझमें बल खाती हुई लहरों को महदूद[3] ना ज़ान,
कट के ख़ुद अपने किनारों से समंदर हुआ मैं।
अपने ही लोगों से इस बार लड़ाया गया है,
अपनी ही लाश उठाने पे मुक़र्रर[4] हुआ मैं।
आप आए हैं तो आई है मिरी ज़ान में ज़ान,
ऐसा लगता है कि कुछ पहले से बेहतर हुआ मैं।
अजनबी होती हुई आँखें ये क्या जानें 'नबील',
फिर किसी ख़्वाब की हैरत से मुनव्वर[5] हुआ मैं।

---

1. असर से/प्रभावशीलता, 2. ईश्वरी दूत, 3. सीमित, 4. नियुक्त किया गया, 5. चमचमाते

21

तिलिस्म-ए-ख़्वाब[1] में बे-ख़्वाब आईना है कोई।
निकल के मुझसे अभी इस में खो गया है कोई।
जो हँस रहा है बहुत दोस्तों के हलक़े में,
वो मैं नहीं हूँ, मिरे जैसा दूसरा है कोई।
हवा गुज़रती है जब रात का बदन छूकर,
लिपट के सूखे दरख़्तों[2] से चीख़ता है कोई।
मैं आगे बढ़ने का ख़ुद रास्ता तुम्हें दूँगा,
बताओ तुमको अगर मुझसे मसअला है कोई।
शदीद[3] कर्ब[4] में जब मैं भी अपने पास ना था,
यक़ीन आया है मुझको कि हाँ ख़ुदा है कोई।
दिए की मसली हुई लौ ने मुझको बतलाया,
मिरे इलावा भी कल शब[5] यहाँ रहा है कोई।
ज़मीं यहाँ की हमेशा ही नम मिलेगी 'नबील',
हमारी आँख में दरिया[6] का रास्ता है कोई।

---

1. जादुई, 2. पेड़, 3. अत्यधिक, 4. पीड़ा, 5. रात, 6. नदी

22

सियाह[1] शब के असर से निकल रहे हो क्या।
सितारो! तुम भी मिरे साथ चल रहे हो क्या।
वो जा रहा था तो रोका नहीं उसे तुमने,
वो जा चुका है तो अब हाथ मिला रहे हो क्या।
बुझी-बुझी सी ये बातें, धुआँ-धुआँ लहज़ा[2],
किसी अज़ाब[3] में अंदर से जल रहे हो क्या।
तुम्हें तो आज की शब मेरा क़तल[4] करना था,
कहाँ चले हो, इरादा बदल रहे हो क्या।
ये क्या सफ़र है, कभी ख़त्म ही नहीं होता,
'नबील'! सम्त-ए-मुख़ालिफ़[5] में चल रहे हो क्या।

---

1. काली, 2. अनुलेख/शब्द बोलने का ढंग, 3. पीड़ा, 4. हत्या, 5. विपरीत दिशा

23

आईने की सिलवटों से फिर उभर आया हूँ मैं।
मुद्दतों के बाद, ख़ुद को भी नज़र आया हूँ मैं।
एक बंजर सी ज़मीं थी जिस पे मेरा रंग है,
एक ख़ाली आसमां था जिसको भर आया हूँ मैं।
दिल चटख़ने[1] की सदा रख दी है तेरे इर्दगिर्द,
देख तेरे क़हक़हों[2] में कैसे दर आया हूँ मैं।
सुबह को पाया है दरवाज़े पे अपना मुंतज़िर[3],
शाम के पहलू ब पहलू जब भी घर आया हूँ मैं।
नींद के गहरे समंदर का सफ़र दरपेश[4] था,
ख़ाब के पहले जज़ीरे[5] पर उतर आया हूँ मैं।

---

1. बिखर कर टूटना, 2. भरपूर हँसी, 3. प्रतीक्षित, 4. सामना, 5. द्वीप

24

नए जहानों के ख़्वाब आँखों में पल रहे हैं।
नए सितारे पुराने रस्ते बदल रहे हैं।
ए शाम-ए-तन्हा![1] तुझे ख़बर ही नहीं है शायद,
तिरी गली से उदास रस्ते निकल रहे हैं।
मिरी रवानी में ढल चुके हैं बहुत से दरिया,
बहुत से सहरा मिरी रिफ़ाक़त[2] में चल रहे हैं।
वो रोशनी जो तुम्हारे अतराफ़[3] बढ़ रही है,
वो ख़्वाब सारे जो मेरी पलकों पे जल रहे हैं।
सिपाह-ए-शब की सफ़ों[4] में कुहराम मच रहा है,
चिराग़ जब से हवा की आँखों में जल रहे हैं।
ये किस का अक्स-ए-जमाल[5] रोशन है मेरे आगे,
मिरी निगाहों के आईने क्यों पिघल रहे हैं।
वही तो ग़र्क़ाब[6] होने वाले हैं, देख लेना,
जो बीच दरिया, 'नबील' कश्ती बदल रहे हैं।

---

1. अकेली शाम/तन्हाई भरी साँझ, 2. साथ, 3. आस-पास, 4. रात के सिपाहियों की पंक्तियाँ, 5. सुन्दरता की परछाईं, 6. डूब जाना

25

सर-ए-सहरा-ए-जाँ[1] हम चाक-दामानी[2] भी करते हैं।
ज़रूरत आ पड़े तो रेत को पानी भी करते हैं।
कभी दरिया उठा लाते हैं अपनी टूटी कश्ती में,
कभी इक क़तरा-ए-शबनम[3] से तुग़्यानी[4] भी करते हैं।
हमेशा आपका हर हुक्म सर आँखों पे रखते हैं,
मगर ये याद रखिएगा कि मन-मानी भी करते हैं।
मियां तुम दोस्त बन कर जो हमारे साथ करते हो,
वही सब कुछ हमारे दुश्मन-ए-जानी[5] भी करते हैं।
ये क्या क़ातिल हैं, पहले क़त्ल करते हैं मुहब्बत का,
फिर उस के बाद इज़हार-ए-पशेमानी[6] भी करते हैं।
कभी ऐसा कि आँखों में नहीं रखते हैं कोई ख़ाब,
कभी यूँ है कि ख़ाबों की फ़रावानी[7] भी करते हैं।

---

1. रूह/जीवन के रेगिस्तान के किनारे, 2. कपड़े फाड़ लेना/फ़क़ीरों की एक परम्परा, 3. ओस की बूँद, 4. बाढ़ ले आना, 5. जानी दुश्मन, 6. खेद प्रकट करना, 7. बहुतायत

26

सुनो मुसाफ़िर! सराय-ए-जाँ[1] को तुम्हारी यादें जला चुकी हैं।
मुहब्बतों की हिकायतें[2] अब यहाँ से डेरा उठा चुकी हैं।
वो शहर-ए-हैरत[3] का शाहज़ादा गिरफ़्त-ए-इदराक[4] में नहीं है,
उस एक चेहरे की हैरतों में हज़ार आँखें समा चुकी हैं।
हम अपने सर पर गुज़श्ता[5] दिन की थकन उठाए भटक रहे हैं,
दयार-ए-शब![6] तेरी ख़्वाबगाहें तमाम पर्दे गिरा चुकी हैं।
बदलते मौसम की सिलवटों में दबी हैं हिजरत की दास्तानें,
वो दास्तानें जो सुनने वालों की नींद कब की उड़ा चुकी हैं।
वो सारी सुब्हें तमाम शामें कि जिनके माथे पे हम लिखे थे,
सुना है कल शब तुम्हारे दर पर लहू के आँसू बहा चुकी हैं।
कहाँ से आए थे तीर हम पर, तनाबें[7] खेमों की किस ने काटीं,
गुरेज़[8] करती हवाएँ हमको तमाम बातें बता चुकी हैं।
धुएँ के बादल छँटे तो हमने 'नबील' देखा अजीब मंज़र,
ख़मोशियों की सुलगती चीखें फ़िज़ा[9] का सीना जला चुकी हैं।

---

1. जीवन की सराय, 2. कहानियाँ, 3. विस्मय/आश्चर्य कर देने वाला शहर, 4. एहसास/ख़याल की पकड़, 5. पिछले, 6. रात-नगरी, 7. टेंट की रस्सी, 8. परहेज़/बचना, 9. माहौल/हवा

27

ए ज़िंदगी ये क्या हुआ तू ही बता थोड़ा-बहुत।
वो भी बहुत नाराज़ है मैं भी ख़फ़ा[1] थोड़ा-बहुत।
मंज़िल हमारी क्या हुई ये किस जहाँ[2] में आ गए,
अब सोचना पेशा हुआ कहना रहा थोड़ा-बहुत।
ना-मेहरबाँ[3] हर रास्ता और बेवफ़ा इक-इक गली,
हम खो गए इस शहर में रस्ता मिला थोड़ा-बहुत।
ये लुत्फ़[4] मुझ पर किसलिए एहसान का क्या फ़ायदा,
अब वक़्त सारा कट चुका, अच्छा-बुरा, थोड़ा-बहुत।
उस बज़्म[5] से वाबस्तगी[6] क्या-क्या दिखाएगी 'नबील',
फिर आ गए तुम हार कर जो कुछ भी था थोड़ा-बहुत।

---

1. नाराज़, 2. दुनिया, 3. निर्दयी, 4. उपकार, अच्छा बर्ताव, 5. महफ़िल, 6. जुड़ाव/ प्रतिबद्धता

28

बिखेरता है क़यास[1] मुझको।
समेट लेती है आस मुझको।
मैं छिप रहा हूँ कि जाने किस दम,
उतार डाले लिबास मुझको।
मैं मिल ही जाऊँगा ढूँढ़ लीज़े,
यहीं कहीं आस-पास मुझको।
दिखा गई है सराब[2] सारे,
बस एक लम्हे की प्यास मुझको।
जो तुम नहीं हो तो लग रहा है,
हर एक मंज़र उदास मुझको।

---

1. गुमाँ/अंदाज़ा लगाना, 2. मृगतृष्णा/भरम

29

तुम नूर की वादी[1] थे मैं नज्द का सहरा[2] था।
तुम हुस्न में लासानी[3], मैं इश्क़ में यकता[4] था।
बहका तो बहुत बहका, सँभला तो वली ठहरा,
उस चाक गिरेबाँ[5] का, हर रंग निराला था।
जब रात की आँखों से छलके थे मिरे आँसू,
वो दर्द का मौसम था वो कर्ब[6] का लम्हा था।
अब यूँ ही सही लेकिन सोचो तो ज़रा इक पल,
जब मुझसे तअल्लुक़ था, क्या खूब ज़माना था।
उन आँखों का अफ़साना बस इतना समझ लीजे,
सहमा हुआ सहरा था, उमड़ा हुआ दरिया था।
ये जब्र[7] का सौदा क्यों, ये नाज़िश-ए-बेजा[8] क्या,
जो दिल में तुम्हारे है कह देते तो अच्छा था।

---

1. रौशनी की घाटी, 2. इराक में एक जगह का नाम है नज्द, वहाँ का रेगिस्तान, 3. बेजोड़/अप्रतिम, 4. अकेला, 5. जिस का दामन फटा हुआ हो/मायावी लोभ लालच से दूर, 6. पीड़ा, 7. ज़बरदस्ती/अनचाहे, 8. बिला वजह का उपकार

30

लहज़े में रौशनी का समंदर लिए हुए।
वो आदमी था नूर का पैकर[1] लिए हुए।
मैं क़ाफ़िले[2] से पीछे बहुत दूर रह गया,
आँखों में एक डूबता मंज़र लिए हुए।
ज़ब्त-ए-दुरून-ए-ज़ात[3] की कोशिश में बारहा,
ख़ुद अपनी सम्त लपका हूँ पत्थर लिए हुए।
मैं बढ़ रहा हूँ जानिब-ए-तिश्नालबान-ए-दश्त[4],
अपने ज़ुलू[5] में सात-समुंदर लिए हुए।
जब भी फ़लक[6] ने फेंका है मुझको ज़मीं की सम्त,
उतरा हूँ शहर-ए-अंजुम-ओ-अख़्तर[7] लिए हुए।
हर आदमी रहीन-ए-ग़म-ए-रोज़गार[8] है,
हाथों में अपना अपना मुक़द्दर[9] लिए हुए।

---

1. चेहरा/तन, 2. कारवाँ, 3. स्वयं के अन्दर/अपने आप में सहन/बरदाश्त, 4. रेगिस्तान के प्यासों की ओर, 5. साथ/पास, 6. आसमान, 7. चाँद-सितारों का शहर, 8. रोज़गार के बखेड़ों में घिरा हुआ, 9. क़िस्मत

31

उस की सोचें और उस की गुफ़्तगू[1] मेरी तरह।
वो सुनहरा आदमी था हूबहू[2] मेरी तरह।
चाँद-तारे इक दिया और रात का कोमल बदन,
सुब्ह-दम बिखरे पड़े थे चार-सू[3] मेरी तरह।
लुत्फ़[4] आवेगा बहुत ऐ साकिनान-ए-कस्त्र-ए-नाज़[5],
बेदरो-दीवार भी रहियो कभू मेरी तरह।
एक बर्गे-बे-शजर[6] और इक सदाए बाज़गश्त,
दोनों आवारा फिरे हैं कूबकू[7] मेरी तरह।
देखना फिर लज़्ज़त-ए-कैफ़ियत-ए-तिश्ना-लबी[8],
तोड़ दे पहले सभी ज़ाम-ओ-सुबू[9] मेरी तरह।
इक प्यादा सर करेगा सारा मैदान-ए-ज़दल[10],
शर्त है ज़ोश-ए-जुनूँ और जुस्तजू मेरी तरह।

---

1. बातचीत, 2. ठीक-ठीक, 3. चारों ओर, 4. आनंद, 5. नाज़ोअदा/अभिमान/गर्व के महल में रहने वालो, 6. पत्ते और पेड़, 7. कोने-कोने में, 8. प्यास की स्थिति का मज़ा, 9. शराब से भरा प्याला और शराब का बर्तन, 10. जंग का मैदान

32

वो आसमान हो गया लग्ज़िश[1] के बावजूद।
मैं अब भी बे-दयार[2] हूँ कोशिश के बावजूद।
कल चाँद डगमगा के समंदर में गिर गया,
फैले हुए सितारों की बंदिश[3] के बावजूद।
इक क़र्ब-ए-बेज़मीनी[4] का आलम था रात भर,
सय्यारों[5] पे जुमूद[6] था गर्दिश[7] के बावजूद।
फिर मेरी दस्तकों में है शामिल तिरा ख़याल,
तर्क-ए-तअल्लुक़ात[8] की ख़ाहिश के बावजूद।
मैं सर उठा के आज भी ज़िंदा हूँ मेरे दोस्त,
हर हर क़दम पे इक नई साज़िश[9] के बावजूद।

---

1. ग़लती/भूल, 2. बे-घर/द्वार, 3. रुकावट, प्रतिबंध, 4. भूमिहीन होने की पीड़ा, 5. ग्रह, 6. यथास्थिति, 7. चारों ओर घूमना सम्बन्ध, 8. ख़त्म कर देना, 9. षड्यंत्र

33

मुसलसल तिश्नगी[1] का सिलसिला है।
मिरे हमराह सहरा चल रहा है।
कटी है ज़िंदगी सारी सफ़र में,
न जाने और कितना फ़ासला है।
हज़ारों ग़म, बहुत सी आरज़ुएँ[2],
इस इक छोटे से दिल में और किया है।
छुपाना चाहते हो हाल दिल का,
मगर चेहरे पे सब लिख्खा हुआ है।
हमारी ज़ात[3] वो जंगल है जिसमें,
अजब सा शोर हरदम गूँजता है।
हमारे बाद भी देखोगे लोगो,
हर इक जानिब हमारा तज़्किरा[4] है।

---

1. प्यास, 2. इच्छाएँ, 3. व्यक्तित्व, शख्सीयत, 4. चर्चा

34

आसमां तक मसअले[1] फैले मिले।
चाँद और तारे सभी उलझे मिले।
इस से क्या मतलब मुक़ाबिल कौन था,
हमसे जो जैसे मिला वैसे मिले।
ख़्वाब के दरिया में ग़ोता-ज़न[2] हुआ,
कुछ पुराने कुछ नए चेहरे मिले।
हो गई सरसब्ज़[3] शाख़-ए-नख़्ल-ए-ग़म[4],
जब भी तन्हाई में हम ख़ुद से मिले।
सारे पस-ए-मंज़र[5] अलग मंज़र अलग,
चेहरा दर चेहरा बहुत चेहरे मिले।

---

1. समस्याएँ, 2. डुबकी लगाना, 3. हरा-भरा, 4. ग़म के पेड़ की डाली, 5. मंज़र के पीछे

35

तुम्हें अब चाँद कहना छोड़ दूँ क्या।
मैं घर के आईने सब तोड़ दूँ क्या।
ये दरिया कुछ ज़ियादा हँस रहा है,
इसे सहरा की जानिब मोड़ दूँ क्या।
मुझे सब याद है टुकड़ों में यारो,
तो अब सारी कहानी जोड़ दूँ क्या।
मुझे अंजाम की परवा नहीं है,
मैं जिस पुल पर खड़ा हूँ तोड़ दूँ क्या।
ये कैसी बात करते हो मिरी जाँ,
तुम्हारे वास्ते घर छोड़ दूँ क्या।

36

परिंदे झील पर इक रब्त-ए-रूहानी[1] में आए हैं।
किसी बिछड़े हुए मौसम की हैरानी में आए हैं।
मुसलसल धुंद, हल्की रोशनी, भीगे हुए मंज़र,
ये किन बरसी हुई आँखों की निगरानी में आए हैं।
कई गिर्दाब[2] टूटे हैं, कई साहिल यां डूबे हैं,
कई तूफ़ान इसी ठहरे हुए पानी में आए हैं।
नज़र भर कर उसे देखो तो यूँ महसूस होता है,
हज़ारों रंग इक चेहरे की ताबानी[3] में आए हैं।
मैं जिन लम्हों के साए में तुम्हारे पास पहुँचा हूँ,
वो लम्हे सज्दा[4] बनकर मेरी पेशानी में आए हैं।

---

1. रूहानी/आत्मीय सम्बन्ध, 2. भंवर, 3. चमक, 4. सर झुका कर माथा ज़मीन पर टेकना

37

मेरी बेसम्ती[1] थी, मैं था, क़ाफ़िला कोई ना था।
इक बगूला[2] हमसफ़र था नक़्श-ए-पा[3] कोई ना था।
आदतन[4] सुलझा रहा था गुत्थियाँ कल रात मैं,
दिल परीशाँ था बहुत और मसअला कोई ना था।
रुक गए मेरे क़दम इक आश्ना[5] आवाज़ पर,
और जब देखा पलट कर कुछ न था कोई न था।
मैं न जाने कौन सी दुनिया में जा पहुँचा, जहाँ,
हर तरफ बस मैं ही मैं था दूसरा कोई ना था।
अज़दहाम-ए-नाशनासाँ[6] छोड़ आया तो खुला,
मुझको अपने शहर में भी जानता कोई ना था।
जितने ख़िज़्र-ए-राह[7] थे ख़ामोश थे मायूस थे,
मंज़िलें बिखरी पड़ीं थीं रास्ता कोई ना था।

1. दिशाहीनता, 2. बवंडर, 3. पैरों के निशान, 4. स्वभाविक रूप से, 5. जानी-पहचानी, 6. अनजाने लोगों की भीड़, 7. राह दिखाने/बताने वाले

38

हर इक लम्हा सँभलना पड़ रहा है।
मुझे रस्ता बदलना पड़ रहा है।
सफ़र दरपेश[1] है ऐसा कि जिसमें,
कई सम्तों में चलना पड़ रहा है।
मकीनों[2] पर पड़ी उफ़्ताद[3] ऐसी,
मकानों से निकलना पड़ रहा है।
ज़मीनो-आसमां की वुसअतों को,
मिरे शेरों में ढलना पड़ रहा है।
ग़ज़ल की आग से बचना था मुश्किल,
सो ऐसा है कि जलना पड़ रहा है।

---

1. सामने, 2. मकान में रहने वाले, 3. विपत्ति, मुसीबत

39

मिरे अशआर में शामिल तिरी ख़ुशबू हो जाए।
दश्त-ए-अफ़्कार[1] में ऐ काश तू आहू[2] हो जाए।
मेरा हर लफ़्ज़ तिरे रूप की तमहीद[3] बने,
कभी बिंदिया, कभी कंगन, कभी घुंघरू हो जाए।
जब भी चाहूँ मैं गए लम्हे चुरा कर ले आऊँ,
कितना अच्छा हो जो ऐसा कोई जादू हो जाए।
इज़्तिराब[4] आख़िरी लम्हे का दम-ए-रुख़सत-ए-यार[5],
जलती आँखों में सिमट आए तो आँसू हो जाए।
कितनी शिद्दत से ये चाहा था कभी मैंने 'नबील',
मैं तिरा नाम लूँ और तो मिरे हर-सू हो जाए।

---

1. विचारों के रेगिस्तान, 2. हिरन/हिरण, मृग, 3. प्रशंसा, 4. बेचैनी, 5. यार की विदाई का समय

40

बिखर रहा है मिरा अंग-अंग आलीजाह[1]।
छड़ी हुई है उसूलों की ज़ंग आलीजाह।
चिराग़ ले के मुक़ाबिल हुआ हूँ आँधी के,
उतारना है हवाओं से ज़ंग आलीजाह।
मुनाफ़क़ीन[2] के नेज़े[3] जिगर[4] में उतरे हैं,
हमारा लहज़ा है फिर भी दबंग आलीजाह।
बचा के रखिएगा दस्तार-ओ-सर, यहाँ अक्सर,
बरसने लगते हैं महलों पे संग[5] आलीजाह।
मैं वो कि अब भी सलामत हूँ जबकि इस जा से,
गुज़र चुके कई तैमूर लंग आलीजाह।
हमारे तर्ज़-ए-तख़ातुब[6] पे चौंकते क्यों हैं,
हमें है कोई सलीक़ा न ढंग आलीजाह।

1. आदरणीय, 2. ढोंगियों/छुपे दुश्मनों, 3. भाले, 4. दिल, 5. पत्थर, 6. बुलाने/पुकारने का अंदाज़

41

इक दिया दिल की हवेली में जला है शायद।
फिर हवाओं ने मुझे याद किया है शायद।
मैं भी बीती हुई बातों पे नहीं रोता कभी,
वो भी गुज़रे हुए दिन भूल चुका है शायद।
अब मैं तन्हाई में बातें नहीं करता ख़ुद से,
तेरे खो जाने का ग़म टूट रहा है शायद।
वो जो इक नाम मिरे लब[1] पे था आने वाला,
मेरे दिल ही में कहीं डूब गया है शायद।
वो लहू जिसका निशाँ वक़्त के रुख़्सार पे है,
मेरी आँखों की फ़सीलों[2] से बहा है शायद।
मैं किसी सम्त चलूँ लौट के आता हूँ यहीं,
तेरी गलियों ने मुझे बाँध रखा है शायद।
हर नया शेर नए दर्द से रोशन है 'नबील',
मेरी सोचों में कोई मीर छिपा है शायद।

---

1. होंठ, 2. दीवार

42

हमारे शेरों में ऐसा कमाल होता है।
कि जिनको सुनके हर एक मस्त हाल होता है।
नदी नहीं मिरे अतराफ़[1] इक समंदर है,
यहाँ बहाव से बढ़कर उछाल होता है।
मैं क्या सवाल करूँ ऐ सख़ी[2] तिरे दर पर,
तिरे जवाब में भी इक सवाल होता है।
लहूलुहान कई दिन से हूँ चले आओ,
तुम्हारे मिलने में इक इंदिमाल[3] होता है।
तुम्हारा हाल कोई मुख़्तलिफ़[4] नहीं ऐ दोस्त,
दिलों के खेल में अक्सर ये हाल होता है।
उतारते रहो सदक़े मुहब्बतों के 'नबील',
किसी किसी को इनायत[5] ये माल होता है।

---

1. आस-पास, 2. उदार/दाता, 3. इलाज, 4. अलग, 5. कृपा

43

लोग पत्थर के, शहर आतिश[1] का।
वक़्त है मेरी आज़माइश[2] का।
क़तरा-क़तरा पिघल रहा है फ़लक[3],
ज़श्न-ए-ग़म[4] चल रहा है बारिश का।
सारे आसेब[5] दिल के अंदर हैं,
फ़ायदा क्या है घर की बंदिश का।
ज़िंदगी जब्र है अगर मौला,
क्यों धड़कता है क़ल्ब[6] ख़्वाहिश का।
मेरा उस से है राबिता[7] इतना,
जितना कूज़े[8] से उस की गर्दिश का।
जुस्तजू थक के बैठ जाती है,
उड़ने लगता है रंग काविश[9] का।
आपने मुझको याद फ़रमाया,
शुक्रिया आपकी नवाज़िश[10] का।

---

1. आग, 2. इम्तिहान, 3. आसमान, 4. ग़म का उत्सव, 5. तंत्रिकाएँ, 6. दिल, 7. सम्पर्क, 8. मिट्टी का प्याला, 9. कोशिश, 10. कृपा

44

तू कभी पूछ, तो फिर हाल बताऊँ तुझको।
देर तक रोता रहूँ और रुलाऊँ तुझको।
तू हवाओं की तरह छू के गुज़र जाए मुझे,
मैं हमेशा की तरह ढूँढ़ न पाऊँ तुझको।
तू मिरे ख़्वाब में आकर मुझे बेदार[1] करे,
नींद बन कर मैं चला आऊँ, सुलाऊँ तुझको।
तुझको पा जाऊँ तो मासूम से बच्चे की तरह,
खिलखिला कर हँसूँ, आँखों से लगाऊँ तुझको।
मैं तिरी याद के जंगल में फिरूँ उम्र तमाम[2],
और यूँ हो कि कभी याद ना आऊँ तुझको।
तू अगर प्यास की सूरत मिरे होंटों पे रहे,
ओस पलकों से चुनूँ और बुझाऊँ तुझको।
ताकि मौजूद रहे तू भी सदा वक़्त के साथ,
अपनी ग़ज़लों की तरह ख़ूब सजाऊँ तुझको।

---

1. जगाना, 2. सारी/पूरी

45

आँखों के ग़म-कदों[1] में उजाले हुए तो हैं।
बुनियाद[2] एक ख़्वाब की डाले हुए तो हैं।
तलवार गिर गई है ज़मीं पर तो क्या हुआ,
दस्तार अपने सर पे सँभाले हुए तो हैं।
अब देखना है आते हैं किस सम्त से जवाब,
हमने कई सवाल उछाले हुए तो हैं।
ज़ख़्मी हुई है रूह तो कुछ ग़म नहीं हमें,
हम अपने दोस्तों के हवाले हुए तो हैं।
गो इंतज़ार-ए-यार में आँखें सुलग उठीं,
राहों में दूर-दूर उजाले हुए तो हैं।
हम क़ाफ़िले से बिछड़े हुए हैं मगर 'नबील',
इक रास्ता अलग से निकाले हुए तो हैं।

---

1. शोक का घर, 2. नीव

46

क्या ख़बर कब गिर पड़े ये आसमां गर्दिश[1] में है।
बे-ख़बर हैं रहने वाले और मकाँ गर्दिश में है।
मुझमें इक महफ़िल जमी है जिसमें तू है महव-ए-रक़्स[2],
और इक ख़्वाहिश हमारे दरमियाँ गर्दिश में है।
चलते-चलते रुक के ये देखा मुसाफ़िर ने 'नबील',
रास्ते सब चल रहे हैं, हर निशाँ गर्दिश में है।
भर लो अपनी ख़ुश्क[3] आँखों में बिखरती सर्द[4] राख,
जल चुके हैं ख़्वाब सारे बस धुआँ गर्दिश में है।
दूर जा निकला हूँ लेकिन जिस्म-ओ-जाँ में आज भी,
हर घड़ी कोई सदाए-ए-राइगां[5] गर्दिश में है।
गर्दिशों में आ गए हैं आपके तारे तो किया,
मुझसे पूछें मेरी पूरी कहकशां[6] गर्दिश में है।
जाने मौजों से हवा ने क्या कहा होगा 'नबील',
ख़ौफ़ के आलम में बहर-ए-बेकराँ[7] गर्दिश में है।

---

1. गोल घूमना, 2. नृत्य में तल्लीन, 3. सूखी, 4. ठंडी, 5. बेकार हो जाने वाली/सुनी न जाने वाली आवाज़, 6. आकाशगंगा, 7. जिस समंदर की कोई सीमा न हो

47

अगरचे ख़ुश हूँ मैं सबकी ख़ुशी में।
बहुत ग़म हैं मगर इस ज़िंदगी में।
कई दरियाओं की हाजत[1] है मुझको,
कई सहरा हैं मेरी तिश्नगी[2] में।
जो बातें तुमसे अब तक कह ना पाया,
वो सब लिक्खी हुई हैं डायरी में।
कई मसरूफ़[3] सड़कों से गुज़र कर,
पहुँच जाता हूँ एक सूनी गली में।
मुझे इक बात ये कहनी है तुमसे,
कमी होती है कुछ हर आदमी में।

1. आवश्यकता, 2. प्यास, 3. व्यस्त

48

हम तिरे ज़िक्र[1] की मेहराब में खो जाते हैं।
यानी इक नश्शा-ए-नायाब[2] में खो जाते हैं।
अब समंदर भी हमें देख के डरते हैं कि हम,
मुस्कराते हुए गिर्दाब में खो जाते हैं।
खींच लेते हैं हवाओं की रगों से पानी,
जब किसी वादी-ए-बे-आब[3] में खो जाते हैं।
चंद लम्हे जो मुलाक़ात के मिलते हैं कभी,
वो भी अक्सर अदब-आदाब में खो जाते हैं।
कोई ताबीर बता दे तो ये उक़दा[4] खुल जाए,
क्यों मिरे रास्ते हर ख़्वाब में खो जाते हैं।
इस तरह गुम हुए हम उनकी तमन्ना[5] में 'नबील',
जैसे कंकर किसी तालाब में खो जाते हैं।

---

1. चर्चा, 2. दुर्लभ नशा, 3. बिना जल वाली भूमि, 4. गुत्थी, 5. इच्छा

49

तू कभी पूछ, तो फिर हाल बताऊँ तुझको।
देर तक रोता रहूँ और रुलाऊँ तुझको।
तू हवाओं की तरह छू के गुज़र जाए मुझे,
मैं हमेशा की तरह ढूँढ़ न पाँऊ तुझको।
तू मेरे ख़्वाब में आकर मुझे बेदार करे,
नींद बन कर मैं चला आऊँ, सुलाऊँ तुझको।
तुझको पा जाऊँ तो मासूम से बच्चे की तरह,
खिलखिला कर हँसूँ, आँखों से लगाऊँ तुझको।
मैं तिरी याद के जंगल में फिरूँ उम्र तमाम,
और यूँ हो कि कभी याद ना आऊँ तुझको।
तू अगर प्यास की सूरत में मिरे होंटों पे रहे,
ओस पलकों से चुनूँ और बुझाऊँ तुझको।

50

जुस्तजू[1] हैरान बाज़ारों के बीच।
खो गए हैं रास्ते कारों के बीच।
जुल्म पर ख़ामोश रहना जुर्म है,
हम भी शामिल हैं गुनहगारों के बीच।
तंग होती जा रही है ये ज़मीं,
सर निकल आए हैं दीवारों के बीच।
हर तरफ़ आलूदगी[2] माहौल में,
जंग छिड़ जाए ना सय्यारों के बीच।
ये तरक़्क़ी वापसी साबित ना हो,
फिर ना पहुँचे आदमी ग़ारों[3] के बीच।
आँसुओं के हैं निशाँ हर सत्र में,
मुस्कराहट गुम है अख़बारों के बीच।
एक तख़्ती[4] अम्न के पैग़ाम की,
टाँग दीजे ऊँचे मीनारों के बीच।

---

1. तलाश/खोज, 2. प्रदूषण, 3. खोह, 4. पट्टिका

51

क्या जाने, कौन ले गया बादल समेट कर।
प्यासी ज़मीन सो गई आँचल समेट कर।
फिर एक रोज़ मैंने हवा में उड़ा दिया,
वो याद जिसको रक्खा था पल-पल समेट कर।
ले जाएगी ये उम्र-ए-रवाँ[1] ख़ामुशी के साथ,
तेरे बदन के बाग़ से संदल समेट कर।
ज़ालिम हमें ना छेड़ कि हम फ़र्त-ए-जोश[2] में,
रख लेंगे अपनी ज़ेब में मक़तल[3] समेट कर।
आओ सफ़र की फिर से करें इब्तदा[4] 'नबील',
बैठे हैं कब से राह की दलदल समेट कर।

---

1. वर्तमान में जारी उम्र, 2. अत्यधिक जोश, 3. क़त्लगाह, 4. शुरुआत

52

वो हर्फ़[1] हूँ लबों पे जो उतरा नहीं कभी।
वो अश्क[2] हूँ जो आँख तक आया नहीं कभी।
आँखों की कायनात में ख़्वाबों का एक हुजूम[3],
ताबीर[4] की तलाश में सोया नहीं कभी।
वो मेरी ज़िंदगी है मेरा एतबार[5] है,
लेकिन ये बात उस को बताना नहीं कभी।
वो जिसकी जुस्तजू ने मुझे राख कर दिया,
वो चाँद आसमान से उतरा नहीं कभी।
जो लिख रहा हूँ वो कभी सोचा नहीं 'नबील',
जो सोचता हूँ मैंने वो लिक्खा नहीं कभी।

---

1. अक्षर, 2. आँसू, 3. भीड़, 4. स्वप्न फल, 5. भरोसा

53

अब के बारिश ने किए रूह के शीशे ज़ख़्मी[1]।
धूप निकली तो हुए जिस्मों के साये ज़ख़्मी।
तुमने आवाज़ को ज़ंजीर से कसना चाहा,
देख लो हो गए अब हाथ तुम्हारे ज़ख़्मी।
ख़ून-आलूद[2] थी हर एक किरण सूरज की,
आज सूरज ने उतारे थे उजाले ज़ख़्मी।
सुब्ह तक आँख से जारी थी लहू की बारिश,
ख़्वाब में आए थे कुछ शोर मचाते ज़ख़्मी।
आज उम्मीद का इक और दया टूट गया,
आज फिर वक़्त की पलकों पे थे लम्हे ज़ख़्मी।

1. घायल, 2. खून से लथड़े हुए

54

मिरे दुश्मन से सौदा कर लिया क्या ?
दग़ाबाज़ी[1] को चेहरा कर लिया क्या ?
मिरी ग़ीबत[2] तो इस का मशग़ला है,
मगर तुमने गवारा[3] कर लिया क्या ?
सर–ए–महफ़िल खड़े हो हाथ मिलते,
सफ़र सब बे–इरादा[4] कर लिया क्या ?
बहुत ऊँची उड़ानें भर रहे हो,
बिखरने का इरादा कर लिया क्या ?
ज़मीं वालों से इतनी दूरियाँ क्यों,
सितारों में ठिकाना कर लिया क्या ?

---

1. धोखा, 2. पीठ पीछे बुराई, 3. स्वीकार करना, 4. बिना योजना के

55

कैसे अजीब लोग हैं ग़मनाक[1] भी नहीं।
यूँ राइगां[2] हुए हैं कि इदराक[3] भी नहीं।
माना कि एक दोस्त ने रस्ता बदल लिया,
है सानिहा पर इतना उलमनाक[4] भी नहीं।
मेरा लिबास[5] सच्च है वही ज़ेब-ए-तन भी है,
और मेरे पास दूसरी पोशाक[6] भी नहीं।
ये हुक्म है कि हो कोई तख़लीक़[7] शाहकार[8],
कूज़ा-गरों[9] के पास मगर चाक भी नहीं।
आख़िर सभी हरीफ़[10] हुए रिज़्के-माह-ओ-साल[11],
बाक़ी है इक 'नबील' जो चालाक भी नहीं।

---

1. उदास, 2. बेकार, 3. अनुभूति, 4. घातक/दुखदायी, 5-6. परिधान, 7. सृष्टि/संकलन, 8. श्रेष्ठ/अति उत्तम, 9. कुम्हार, 10. दुश्मन/प्रतियोगी, 11. मर गए/ज़माने ने हज़्म कर लिया

56

वर्ना क्या है जो दस्तरस[1] में नहीं।
सिर्फ़ तू है जो मेरे बस में नहीं।
सब्र आया है एक उम्र के बाद,
एक–दो–चार–छः बरस में नहीं।
फिर भी चारों तरफ़ हैं दीवारें,
जबकि अपनों में हूँ क़फ़स[2] में नहीं।
पाँव आगे बढ़ा मेरे भाई,
मंज़िलें राह–ए–पेश–ओ–पस[3] में नहीं।
इन चराग़ों ने तो बग़ावत की,
ऐ हवा तू भी दस्तरस में नहीं।
झूट को झूट कह रहा हूँ मैं,
इतनी हिम्मत भी हर नफ़स[4] में नहीं।

1. पहुँच, 2. जेल/पिंजड़ा, 3. दुविधाजनक/असमंजसपूर्ण रास्ता, 4. स्वयं/जान

57

आरज़ुओं[1] के पर जलाएँ क्या।
क्या करें, खुद को भूल जाएँ क्या।
माँ तिरी याद आ रही है बहुत,
तूने भेजी हैं कुछ दुआएँ क्या।
क्यों नहीं देखता है वो मुड़कर,
मर गईं राह में सदाएँ[2] क्या।
हिज्र तारी[3] है, ग़म बरसता है,
ऐसे मौसम में मुस्कराएँ क्या।
जो भी होना था हो चुका सब कुछ,
सर पे अब आसमां उठाएँ क्या।
जिसने सीना जला दिया था 'नबील',
अब वो क़िस्सा तुम्हें सुनाएँ क्या।

---

1. इच्छाओं, 2. आवाज़ें, 3. जुदाई/वियोग छाया हुआ

58

नींद आँखों के दरीचों में जगा करती है।
ख़्वाब के दश्त में बस धूल उड़ा करती है।
सर झुकाता हूँ मैं जब अपने बड़ों के आगे,
ज़िंदगी मुझको मिरे क़द से बड़ा करती है।
आसमां वक़्त की धुन छेड़ के सर धुनता है,
मौज में आके ज़मीं रक़्स[1] किया करती है।
मुज़महिल[2] आँखें किवाड़ों पे टिकी रहती हैं,
सर्द[3] होंटों पे कोई बात जला करती है।
मेरी सोचों के तआक़ुब[4] में इक आवाज़ 'नबील',
वक़्त के साथ दबे-पाँव चला करती है।

1. नृत्य, 2. थकी हुई, 3. ठंडी, 4. पीछा करती

59

बस्ती–बस्ती मंज़र–मंज़र तेरा चेहरा तेरी बातें।
ढूँढ़ रहा हूँ रूह के अंदर तेरा चेहरा तेरी बातें।
रफ़्ता–रफ़्ता[1] दिन ढलता है और उभरने लगते हैं,
ख़ाली घर की दीवारों पर तेरा चेहरा तेरी बातें।
तुझसे मिलकर बस इक पल में बे–ख़ुद[2] सा हो जाता हूँ,
जैसे कोई जादू–मंतर तेरा चेहरा तेरी बातें।
बुझते चाँद की मजबूरी में, ढलती रात की तन्हाई में,
रो देते हैं मुझसे मिलकर तेरा चेहरा तेरी बातें।
कुछ लम्हे ऐसे भी हुए हैं जिनमें ये महसूस हुवा,
मैं साहिल हूँ और समंदर तेरा चेहरा तेरी बातें।
वक़्त को मद्धम कर देते हैं, आँखें दरिया कर देते हैं,
तन्हाई में आकर अक्सर तेरा चेहरा तेरी बातें।

1. धीरे–धीरे, 2. आत्मलीन, अपने होश में न होना

60

जाने किन राहों से इस शहर में लाया गया हूँ।
ऐसा लगता है यहाँ पहले भी आया गया हूँ।
मैं तो घर ही में हूँ, पर लोग बताते हैं कि मैं,
दश्त-ओ-सहरा[1] में भटकता हुआ पाया गया हूँ।
मैं ना यूसुफ़[2] हूँ ना ऐसा कोई नायाब सिफ़त[3],
क्या ख़बर किसलिए बाज़ार में लाया गया हूँ।
काश इक रोज़ कोई छू के बताए मुझको,
कौन हूँ, कौन सी मिट्टी से बनाया गया हूँ।
मेरे क़दमों में सितारे थे मिरे हाथ में चाँद,
मुद्दतों तक सर-ए-अफ़्लाक[4] सजाया गया हूँ।
इतनी हैरत से न देखो मुझे ए दीदा-वरो[5],
मैं यहाँ ख़ुद नहीं आया हूँ, बुलाया गया हूँ।

---

1. रेगिस्तान, 2. एक ईश्वरीय दूत जिनके तेज़/सौंदर्य की मिसाल दी जाती है, 3. दुर्लभ गुणों वाला, 4. आसमान पर, 5. बुद्धिजीवी का बहुवचन

61

तन्हाई को यार बनाकर, किस की याद में खो जाते हो।
मेरी ग़ज़लें ख़ुद को सुनाकर किस की याद में खो जाते हो।
खोए-खोए से रहते हो और अचानक हँस पड़ते हो,
दाँतों में यूँ होंट दबा कर, किस की याद में खो जाते हो।
होंटों पर मुस्कान सजाये आँखों में सौ दीप जलाए,
इतने प्यार से ख़ुद को सजाकर, किस की याद में खो जाते हो।
किस की राह में पलकें बिछाए सारा दिन तुम चुप रहते हो,
शाम ढले एक शम्मा जला कर, किस की याद में खो जाते हो।
आईने में साथ तुम्हारे किस का अक्स[1] रहा करता है,
आईने से आँख चुरा कर, किस की याद में खो जाते हो।
ख्वाबों-ख्वाबों किस की खोज में आँखें गीली हो जाती हैं,
लम्हा-लम्हा चैन गँवाकर, किस की याद में खो जाते हो।
भीगी रेत के पन्नों पर तुम शाम-सवेरे यार 'नबील',
उल्टे-सीधे नक़्श[2] बनाकर, किस की याद में खो जाते हो।

---

1. चित्र/तस्वीर, 2. निशान/आकृति

62

सियाह[1] शब[2] के असर से निकल रहे हो क्या?
सितारो! तुम भी मिरे साथ चल रहे हो क्या?
वो जा रहा था तो रोका नहीं उसे तुमने,
वो जा चुका है तो अब हाथ मल रहे हो क्या?
बुझी-बुझी सी ये बातें, धुआँ-धुआँ लहज़ा,
किसी अज़ाब[3] में अंदर से जल रहे हो क्या?
ये क्या सफ़र है, कभी ख़त्म ही नहीं होता,
'नबील'! सम्त-ए-मुख़ालिफ़[4] में चल रहे हो क्या?

---

1. काली, 2. रात, 3. पीड़ा, 4. उलटी दिशा

63

धुएँ में लिपटी हुई कहकशां[1] उठाए हुए।
चिराग़ चलते रहे ज़ख़्म-ए-जाँ[2] उठाए हुए।
मगर किसी ने तुम्हारी तरह नहीं रोका,
मैं जा रहा था दिल-ए-राएगाँ[3] उठाए हुए।
गुज़र रहा हूँ किसी ख़्वाब के इलाक़े से,
ज़मीं समेटे हुए, आसमां उठाए हुए।
मुझे पुकार रहा था कोई मिरे जैसा,
मिरी ही तरह ग़म-ए-दोस्तां[4] उठाए हुए।
सितारे डूब गए आसमां की आँखों में,
सुलगती रात का सारा धुआँ उठाए हुए।
है मेरे चारों तरफ़ इक हुजूम-ए-हम-शकलां[5],
सब अपने नामों की हैं तख़्तियाँ[6] उठाए हुए।
ये वक़्त एक समंदर है जिसके बीच में हम,
खड़े हैं उम्र की मौज-ए-रवाँ[7] उठाए हुए।

---

1. आकाशगंगा, 2. दिल पर लगे घाव, 3. बेकार दिल, 4. दोस्तों की दी हुई पीड़ा, 5. एक जैसे चेहरे वाले लोगों की भीड़, 6. पट्टिकाएँ, 7. निरन्तर लहर

64

ज़मीन आँखों को मिल रही थी, हवा का कोई निशाँ नहीं था।
तमाम सम्तें सुलग रही थीं मगर कहीं भी धुआँ नहीं था।
चराग़ की थरथराती लौ में, हर ओस क़तरे[1] में, हर किरन में,
तुम्हारी आँखें कहाँ नहीं थीं, तुम्हारा चेहरा कहाँ नहीं था।
दयार-ए-हिज्राँ[2] की वहशतों[3] का तिलिस्म टूटा तो मैंने जाना,
हर एक दस्तक हवाओं में थी, मकीं[4] नहीं थे, मकाँ नहीं था।
वो एक लम्हा था सरख़ुशी[5] का, फ़ुसूं[6] था दरयाफ़्त[7] के सफ़र का,
जो रेग-ए-जाँ[8] में चमक रहा था सितारा-ए-आसमां नहीं था।
वो कैसा मौसम था, ज़र्द[9] शाख़ों से सब्ज़[10] बेलें लिपट रही थीं,
वो सब्ज़ बेलें कि जिनकी आँखों में कोई ख़ौफ़-ए-ख़िज़ाँ[11] नहीं था।
युगों के रथ पर सवार गहरी ख़मोशियों ने बताया मुझ को,
कि तुमसे पहले भी और पहले भी बस यक़ीं[12] था गुमाँ[13] नहीं था।
इसी ज़मीं की तहों में बहता था मीठे पानी का एक चश्मा,
सराब ज़ादों की तिश्नगी को मगर कुछ इस का गुमाँ नहीं था।

---

1. बूँदें, 2. जुदाई का घर, 3. डर/बेचैनी, 4. घर में रहने वाले, 5. आनंद का उत्सव, 6. जादू, मंत्र, 7. खोज, 8. वो नस जिस से सारी नसों को ख़ून पहुँचता है, 9. पीला, 10. हरा, 11. पतझड़ का डर, 12. विश्वास, 13. शक

65

मिरा जुनूँ[1], मिरी साँसें, तिरे सबब तो नहीं।
तू मेरा दोस्त है, हमदम है, मेरा रब तो नहीं।
हँसी-मज़ाक़, लतीफ़े, धुएँ के मरगोले[2],
मियां! कभी-कभी चलता है, रोज़ो-शब[3] तो नहीं।
चिराग़-ए-इश्क़ है सीने के दरमियाँ रोशन,
चमक जो मेरे लहू में है बेसबब तो नहीं।
किसी-किसी से ही मिलता है सिलसिला दिल का,
कोई-कोई हुआ करता है दोस्त, सब तो नहीं।
तलाश करिए मिरे रेतले मनाज़िर[4] में,
यहीं कहीं गए मौसम हों कुछ अजब[5] तो नहीं।

---

1. चाहत/पागलपन, 2. घुमाव और मोड़, 3. दिन-रात, 4. दृश्य, 5. अजीब

66

कुछ नहीं जान के भी, यूँ है कि सब जानते हैं।
एक हम ही तेरी वहशत[1] का सबब जानते हैं।
इक तआरुफ़[2] तो ज़रूरी है , सर-ए-राह-ए-जुनूँ[3],
दश्त वाले नए बर्बाद को कब जानते हैं।
रात उत्तरी है दिल-ओ-जाँ में सितारे लेकर,
वो सितारे जो उदासी का सबब जानते हैं।
पहले कब वो हमें इस तरह से पहचानते थे,
अब लक़ब[4] जानते हैं, नाम-ओ-नसब[5] जानते हैं।
हमको मत जानिए कम-होश[6] कि हम लोग 'नबील',
सबको पहचानते हैं, हद्द-ए-अदब[7] जानते हैं।

---

1. डर/बेचैनी, 2. परिचय, 3. चाहत की राह के अंत पर, 4. उपनाम, 5. वंश-जन्म पत्री, 6. नासमझ, 7. आदर की सीमा

67

ऐ एतबार![1] देख तेरी उम्र घट ना जाए।
आता हुआ वो शख़्स अचानक पलट ना जाए।
अंज़ान पानियों पे भरोसा ना कीजिए,
कश्ती सँभालिए, कहीं कश्ती उलट ना जाए।
मत खेल हमसे, आखिर-ए-शब[2] के चिराग़ हैं,
आँखों की पुतलियों से कहीं लौ लिपट ना जाए।
उगने लगी हैं दर्द की ख़ुदरो[3] उदासियाँ,
किश्त-ए-बदन[4] मिरा, कहीं कांटों से अट ना जाए।
बच कर रहें! ये शहर-ए-बग़ावत[5] है मुहतरम[6],
दस्तार तो गई है, ये गर्दन भी कट ना जाए।

---

1. विश्वास, 2. रात का आख़िरी पहर, 3. स्वंय विकसित हुई/जंगली घास-पौधे, 4. खेती, 5. विद्रोह का नगर, 6. माननीय

68

ख़याल-ओ-ख़्वाब[1] का सारा धुआँ उतर चुका है।
यक़ीं[2] के ताक़ में सूरज कोई ठहर चुका है।
मुझे उठा के समंदर में फेंकने वाले,
ये देख एक जज़ीरा[3] यहाँ उभर चुका है।
तिरे जवाब की उम्मीद जाँ से बाँधे हुए,
मिरा सवाल हवा में कहीं बिखर चुका है।
वो एक नक़्श[4], जो अब तक ना हो सका पूरा,
वो एक रंग, जो तस्वीर-ए-जाँ में भर चुका है।
न तार-तार है दामन, न है गरेबाँ-चाक[5],
अजीब शक्ल[6] जुनूँ इख़्तियार[7] कर चुका है।
मुसाफ़िरों से कहो अपनी प्यास बाँध रखें,
सफ़र की रूह में सहरा कोई उतर चुका है।
वो जब कि तुझसे उम्मीदें थीं मेरी दुनिया को,
वो वक़्त बीत चुका है वो ग़म गुज़र चुका है।
झलक रहा है जो मुझमें, वो मैं नहीं हूँ 'नबील',
तुझे तलाश है जिसकी वो कब का मर चुका है।

1. विचार और सपना, 2. विश्वास, 3. द्वीप, 4. निशान, 5. कपड़े का दामन फटा हुआ/मोह-माया से दूर, 6. आकार, 7. अपनाना

69

जल रही है एक ठंडी शाम आतिश-दान[1] में।
और नमी फैली हुई है दल के रेगिस्तान में।
आँख मींचे चल रहा हूँ प्यास की आवाज़ पर,
भर गया है रेत कोई दीदा-ए-हैरान[2] में।
घुल रहा है धीरे-धीरे ज़हर मेरे ख़ून में,
आ रही है रफ़्ता-रफ़्ता जान मेरी जान में।
दिल में रुकते ही नहीं हैं अब तमन्नाओं के अक्स[3],
पाँव पड़ते ही नहीं हैं वादी-ए-इमकान[4] में।
मैं ज़मीं का गीत लिखने जा रहा हूँ दोस्तो,
आसमां उतरा हुआ है आज मेरे ध्यान में।
मुझको अगवा कर लिया है मेरे ख़्वाबों ने 'नबील',
और मिरी आँखें उन्हें मतलूब[5] हैं तावान[6] में।

---

1. अँगीठी/भट्ठी, 2. हैरान आँखें, 3. चित्र/तस्वीर, 4. सम्भावना की घाटी, 5. चाहता है, 6. फिरौती/बदले में

70

ख़िज़ाँ[1] के बाद मिरी जाँ बहार भी आई।
मगर 'नबील' की वहशत[2] में क्या कमी आई।
ये किस के दर पे सितारों का कारवाँ उतरा,
हवा के दोश[3] पे ख़ुशबू की पालकी आई।
ये किस का ख़्वाब, मिरी ख़्वाबगाह में आया,
ये किस की नींद, मिरी आँख में चली आई।
मैं अपनी जीत के क़िस्से सुना के रोने लगा,
और उस की आँख में भी जाने क्यों नमी आई।
सुना गया था कि सहरा को जा चुका है 'नबील',
सुना गया है कि सहरा में ज़िंदगी आई।

1. पतझड़ का मौसम, 2. डर/बेचैनी, 3. कंधा

71

मोजज़े[1] का दर खुला और इक असा[2] रौशन[3] हुआ।
दूर गहरे पानियों में रास्ता रौशन हुआ।
जाने कितने सूरजों का फ़ैज़[4] हासिल है उसे,
इस मुकम्मल[5] रोशनी से जो मिला रौशन हुआ।
मुस्तक़िल[6] इक बे-यक़ीनी[7], इक मुसलसल इंतिज़ार,
फिर अचानक एक चेहरा जाबजा रौशन हुआ।
आँख वालों ने चुरा ली रोशनी सारी तो फिर,
एक अंधे की हथेली पर दिया रौशन हुआ।
एक वहशत दायरा दर दायरा[8] फिरती रही,
इक सहरा सिलसिला दर सिलसिला[9] रौशन हुआ।
आज फिर जलने लगे बीते हुए कुछ ख़ास पल,
आज फिर इक याद का आतशकदा[10] रौशन हुआ।
जाने किस आलम में लिख्खी है ग़ज़ल तुमने 'नबील',
ख़ामुशी बुझने लगी, शहर-ए-सदा रौशन हुआ।

---

1. चमत्कार, 2. लाठी (पैग़म्बर मूसा को ईश्वर की ओर से उनकी लाठी में चमत्कारी शक्ति मिली थी जिस से इशारा कर के उन्होंने समंदर के बीच रास्ता बना लिया था), 3. चमका, 4. कृपा प्राप्त होना, 5. उत्तम/पूर्ण, 6. स्थायी, 7. अविश्वास, 8. गोल-गोल, 9. शृंखला, 10. हवनकुंड

72

मेरी ख़ाक में ऐसे इक सद-रंग[1] सितारा चलता है।
जैसे धूप के आईने में कोई साया चलता है।
हर लहजे की ख़ामोशी में झड़ती है आवाज़ की राख,
हर सीने में रेत उड़ाता दर्द का सहरा चलता है।
दीवारों से साए निकले आईनों से अक्स उड़े,
जाने कौन सी आँखें हैं वो जिनका इशारा चलता है।
तुमने तो बस दूर से दुनिया देखी है तुम क्या जानो,
मुझसे पूछो कैसी-कैसी चाल ज़माना चलता है।
बोल जमूरे! किन आँखों में ख़्वाबों ने ख़ुद-सोज़ी[2] की,
आँखें मत झपकाना लोगो! अभी तमाशा चलता है।
यूँ लगता है सारी दुनिया बंद है मेरी मुट्ठी में,
जिस दम मेरी उंगली पकड़े मेरा बेटा चलता है।
यूँ ही वो भी पूछता है कि कैसे हो किस हाल में हो,
यूँ ही मैं भी कह देता हूँ सब कुछ अच्छा चलता है।
उस बस्ती के लोगों को क्या हाल सुनाएँ यार 'नबील',
जिस बस्ती के बाज़ारों में खोटा सिक्का चलता है।

---

1. सौ रंगों वाला, 2. आत्मबलिदान

73

तब कहीं झुकाया है सर ग़ुरूर-ए-शाही[1] ने।
जब उठा लिया सर पर तख़्त बेगुनाही ने।
रास्ते रिफ़ाक़त[2] के बंद कर दिए सारे,
उस की कजअदाई[3] ने मेरी कजकुलाही[4] ने।
क्या अजब अदालत है क्या अजीब मुंसिफ़ हैं,
दिन को क़ैद में डाला रात की गवाही ने।
इक नगीना-ए-फ़न[5] को ख़ाक में मिला डाला,
जौहरी की कम इल्मी[6] और कम निगाही ने।
फिर उसी मुनाफ़िक़[7] की रहबरी में चलना है,
कुछ नहीं किया अब तक जिसकी सरबराही ने।
मैं यूँ ही बहुत अच्छा दोस्तो ख़ुदा-हाफ़िज़,
ख़ाक कर दिया मुझको रस्म-ए-ख़ैरख़्वाही[8] ने।

---

1. राजा का घमंड, 2. दोस्ती, 3. आदत में नरमी न होना, 4. तिरछी टोपी वाला/अभिमानी, 5. कला का नगीना, 6. अज्ञानता, 7. कपटी/छुपा दुश्मन, 8. भलाई करते रहने की रस्म

74

मज़ा सफ़र का बस उड़ते हुए ग़ुबार[1] में था।
सो गर्द होके भी मैं तेरी रहगुज़र[2] में था।
बहुत ही ख़ूब थी सरदार तेरी सरदारी,
क़बीला जंग में था तू रह-ए-फ़रार[3] में था।
फ़रार होने की ख़्वाहिश रही उसे हर पल,
तमाम उम्र जो ख़ुद-साख़्ता[4] हिसार[5] में था।
महल सराओं[6] पे क़ाबिज़[7] था लश्कर-ए-गद्दार[8],
जो बादशाह था उजड़े हुए दयार में था।
चमक रहा था यूँ ही मेरे फ़न का ताजमहल,
मैं इक़्तिदार में शामिल ना इश्तिहार[9] में था।
उबल रहे थे चट्टानों की आँख से आँसू,
बला का दर्द बहुत सोज़[10] आबशार[11] में था।
सुकून आया मयस्सर[12] तो फिर ये राज़ खुला,
मज़ा वो इस में कहाँ है जो इंतिशार में था।

---

1. धूल, 2. रास्ता, 3. भाग जाना, 4. अपनी बनाई हुई, 5. घेराबंदी, 6. राजा के रहने का महल, 7. क़ब्ज़ा किए हुए, 8. ग़द्दारों की फौज, 9. विज्ञापन, 10. जलन/जूनून, 11. झरना, 12. प्राप्ति

75

कुछ यूँ भी किसी रोज़ तमाशा किया जाए।
ख़ुद अपने हर इक ख़्वाब को रुस्वा[1] किया जाए।
बरसों से बदन दश्त में बे-जान पड़ा हूँ,
आते हुए लम्हो मुझे ज़िंदा किया जाए।
ये कौन मुझे मुझसे अलग खींच रहा है,
मैं चीख़ पड़ूँगा मुझे यकजा किया जाए।
या दीदा-ए-बीना[2] को अता[3] हों नए जल्वे,
या मेरे तसव्वुर[4] को भी अंधा किया जाए।
रौशन किए जाएँ ज़रा ख़्वाबों के अलाव,
बुझती हुई आँखों में उजाला किया जाए।

---

1. बदनाम, 2. अंतर्दृष्टि, 3. दी जाएँ, 4. अवधारणा/कल्पना

76

नए सफ़र की मसाफ़त[1] से ख़ौफ़[2] आता है।
मिरे क़बीले को हिजरत[3] से ख़ौफ़ आता है।
तमाम शहर को तारीकियों[4] से शिकवा[5] है,
मगर चिराग़ की बैअत से ख़ौफ़ आता है।
सफ़र भी तए ना हुआ, बादबान[6] भी ना रहा,
हवा की ऐसी हिमायत[7] से ख़ौफ़ आता है।
मुझे ज़माने की शोरिश का कोई ख़ौफ़ नहीं,
ख़ुद अपने घर में बग़ावत से ख़ौफ़ आता है।
ख़ुदा बचाए किसी की नज़र ना लग जाए,
ज़रा सी उम्र में शोहरत[8] से ख़ौफ़ आता है।
जो सन चुके हैं वो मिट्टी में हो गए तब्दील,
ज़मीन तेरी हिकायत[9] से ख़ौफ़ आता है।
बुरा ना मानो तो इक बात कहना चाहता हूँ,
मुझे तुम्हारी मुहब्बत से ख़ौफ़ आता है।
'नबील' कौन बताए गुज़रते लम्हों को,
बदन को रूह की वुसअत[10] से ख़ौफ़ आता है।

---

1. दूरी, 2. डर, 3. पलायन, 4. अँधेरा, 5. शिकायत, 6. मस्तूल/जहाज़ में लगाया जाने वाला पर्दा जिसमें हवा भरकर जहाज़ चलता है, 7. समर्थन, 8. प्रसिद्धि, 9. मिथक/कहानी, 10. विस्तार

77

ना जाने कैसी महरूमी[1] पस-ए-रफ़्तार[2] चलती है।
हमेशा मेरे आगे आगे इक दीवार चलती है।
वो इक हैरत कि मैं जिसका तआक़ुब रोज़ करता हूँ,
वो इक वहशत मिरे हमराह जो हर बार चलती है।
निकल कर मुझसे बाहर लौट आती है मिरी जानिब[3],
मिरी दीवानगी अब सूरत-ए-परकार[4] चलती है।
अजब अंदाज़-ए-हमसफ़री है ये भी क़ाफ़िले वालो,
हमारे दरमियाँ इक आहनी[5] दीवार चलती है।
ग़ज़ल कहना भी अब इक कार-ए-बे-मसरफ़[6] सा लगता है,
नया कुछ भी नहीं होता बस इक तकरार[7] चलती है।
'नबील' इस इश्क़ में तुम जीत भी जाओ तो क्या होगा,
ये ऐसी जीत है पहलू में जिसके हार चलती है।

1. बदक़िस्मती/दुर्भाग्य, 2. रफ़्तार के पीछे, 3. तरफ़/ओर, 4. रेखागणित के उपकरण परकार की तरह, 5. लोहे की बनी, 6. बेफ़ायदा/बेकार का काम, 7. हुज्जत/विवाद/झगड़ा

78

मैं एक दरिया हूँ ख़्वाहिशों का, बदन से बाहर छलक रहा हूँ।
तुम्हारे साहिल पे अपने जज़्बों[1] की मस्त लहरें पटक रहा हूँ।
गुज़र गया था मैं अपनी रौ में, ज़मीं से आगे, ख़ला[2] से आगे,
सो अब मैं अपनी रवानी रोके, बिछड़ने वालों को तक रहा हूँ।
सुनहरे ख़्वाबों की इक नई कहकशां[3] चमकने लगी है मुझमें,
गुज़श्ता[4] ख़्वाबों की राख पलकों से धीरे-धीरे झटक रहा हूँ।
ये कैसी हैरत तुम्हारे चेहरे से मेरी आँखों तलक खिंची है,
जिधर भी देखूँ बस एक तुम हो, हज़ार पलकें झपक रहा हूँ।
ये कैसी लुकनत[5] मिरी सदाओं में हर्फ़ दर हर्फ़ जम रही है,
'नबील' पहली दफ़ा हुआ है कि बात करते अटक रहा हूँ।

1. भावनाओं, 2. अंतरिक्ष, 3. आकाशगंगा, 4. पिछले, 5. हकलाना

79

मैं इक परिंदा[1] हूँ जलते शजर[2] से लिपटा हुआ।
है सारा बाग़ मिरे बाल–ओ–पर से लिपटा हुआ।
सिमटने लगते हैं मुझमें हर एक शख़्स के ख़ाब,
कोई तिलिस्म[3] है मेरी नज़र से लिपटा हुआ।
कहीं भी जाता हूँ घर साथ–साथ चलता है,
अजब तरह का ताल्लुक़[4] है घर से लिपटा हुआ।
मुझे ना रोक मैं दरवेश–ए–इश्क़–ओ–मस्ती[5] हूँ,
बदन से रूह तलक हूँ सफ़र से लिपटा हुआ।
किसी चिराग़ का सीना यहाँ जला होगा,
धुएँ का रंग है दीवार व दर से लिपटा हुआ।
ज़मीं की बेड़ियाँ पैरों में शोर करती हैं,
और आसमान का है जाल सर से लिपटा हुआ।
मैं गिन रहा था समंदर की आख़िरी साँसें,
सफ़ीना[6] डूब रहा था भंवर से लिपटा हुआ।

---

1. पक्षी, 2. पेड़, 3. जादू/इंद्रजाल, 4. सम्बन्ध, 5. प्यार और मस्ती का फ़क़ीर/मस्तमौला व्यक्तित्व, 6. कश्ती

80

अजीब तरह की कशमकश है, कहीं का हो कर कहीं पड़ा हूँ।
मैं इस तरफ़ आ चुका हूँ लेकिन, अभी तलक उस तरफ़ खड़ा हूँ।
कभी जो ख़ुद से मिले फ़राग़त[1], तो अपनी आँखों से पूछ लेना,
तुम्हारे ख़्वाबों के वास्ते मैं, ख़ुद अपने ख़्वाबों से भी लड़ा हूँ।
कभी जो आवाज़ दी है तुमने, नज़र से ओझल, सफ़र से आगे,
मैं अपने सीने पे पाँव रखकर तुम्हारी जानिब निकल पड़ा हूँ।
ये मेरी साँसों में किन हवाओं की सर्दमहरी[2] बसी हुई है,
ये किन रवैयों[3] की चिकनी मिट्टी है, जिस में बरसों से मैं गड़ा हूँ।
कोई समंदर सिमट के बोला कि मुझको कूज़े[4] में बंद कर लो,
और एक क़तरे को ज़ोम[5] ये था कि मैं समंदर से भी बड़ा हूँ।
ये कैसी जिद है, ये क्या जुनूँ है, 'नबील' क्या हो गया है मुझको,
बस एक ही धुन सवार सर पर, बस एक ही बात पर अड़ा हूँ।

---

1. अवकाश/फ़ुर्सत, 2. उदासीनता, 3. मनोभाव, 4. मिट्टी का बर्तन/प्याला, 5. गर्व/घमंड

81

धूप के जाते ही मर जाता हूँ मैं।
एक साया हूँ, बिखर जाता हूँ मैं।
ऐतबार-ए-दोस्ती[1] का रंग हूँ,
बे-यक़ीनी[2] में उतर जाता हूँ मैं।
फिर कभी तुमसे मिलूँगा रास्तो,
लौटकर फ़िलहाल[3] घर जाता हूँ मैं।
दिन का सारा ज़हर पी लेने के बाद,
रात के बिस्तर पे मर जाता हूँ मैं।
उस से मिलने रोज़ जाता हूँ 'नबील',
और बस, यूँ ही गुज़र जाता हूँ मैं।

1. दोस्ती में विश्वास, 2. अविश्वास, 3. इस समय/अभी

82

मुसलसल[1] आँख में पानी मचलता रहता है।
न जाने क्या है जो मुझमें पिघलता रहता है।
इधर-उधर से मुझे काटता है इक दरिया,
यहाँ-वहाँ से किनारा निकलता रहता है।
मिरे चिराग़ से कर ली है गुफ़्तगू जब से,
ये आईना किसी हैरत में जलता रहता है।
यही गुमाँ हुआ अक्सर कि इस को जान लिया,
मगर वो शख़्स तो चेहरा बदलता रहता है।
ये कौन है मिरी आवारगी के सहरा में,
सफ़र में रहते हुए हाथ मलता रहता है।
ये कोह-ए-ख़्वाब[2] है जो रात-भर फ़िज़ाओं में,
किसी की याद का लावा उगलता रहता है।
'नबील' मैं तो कहीं ख़ुद को छोड़ आया था,
ये किस का साया मिरे साथ चलता रहता है।

---

1. लगातार, 2. सपनों का पहाड़

83

ये कैसा सफ़र है जो ठहरने लगा मुझमें।
ये दश्त है कैसा जो गुज़रने लगा मुझमें।
ये कौन बुलाने लगा मुझको मिरी जानिब,
ये कौन सर-ए-शाम उतरने लगा मुझमें।
सिमटी हुई इक रात बिखरने लगी हरसू,
खोया हुआ इक चाँद उभरने लगा मुझमें।
इक गुमशुदा आवाज़ ने आवाज़ दी मुझको,
इक नश्शा-ए-कमयाब[1] उतरने लगा मुझमें।
फिर मैंने 'नबील' आख़िरी इक तीर निकाला,
फिर जंग का मैदान सँवरने लगा मुझमें।

1. दुर्लभ नशा

84

उस ने हर साँस में सदियों की मसाफ़त[1] रख दी।
ख़्वाब दर-ख़्वाब मिरी आँख में हिजरत[2] रख दी।
अपने सब ऐब छिपाने के लिए यूँ भी हुआ,
गिरती दीवार ने बुनियाद पे तोहमत[3] रख दी।
हाथ ख़ाली न थे जब घर से रवाना हुआ मैं,
सब ने झोली में मिरी अपनी ज़रूरत रख दी।
पाँव बढ़ते हैं ना वापिस ही हुआ जाता है,
हिज्र[4] ने राह में ये कैसी मुसीबत रख दी।
मैं फ़लक-ज़ाद[5] था सो उसने मिरे सीने में,
ग़ैर-आबाद[6] सितारों की सुकूनत[7] रख दी।
अपनी आवाज़ से हर लफ़्ज़ को रुख़सत[8] देकर,
मैंने फिर इस में तिरे नाम की आयत[9] रख दी।
मुझको तसख़ीर[10] किया, और फिर एक दिन उसने,
मेरी मुट्ठी में 'नबील' अपनी रियासत[11] रख दी।

---

1. दूरी, 2. पलायन, 3. आरोप, 4. जुदाई, 5. आसमान, 6. जहाँ आबादी न हो, 7. वास, 8. विदा, 9. छंद/पाक क़ुरआन की एक लाइन, 10. किसी पर विजय प्राप्त करना/काबू में करना, 11. राज्य

85

इक अजब तरह की दरपेश[1] मुसाफ़त है मुझे।
यानी कुछ यूँ है कि अब तेरी ज़रूरत है मुझे।
आने वालों की मुहब्बत ही बहुत है मुझको,
जाने वालों से कहाँ कोई शिकायत है मुझे।
इन दिनों और ही कुछ हाल है दिल का मेरे,
इन दिनों और ही अंदाज़ की वहशत[2] है मुझे।
इस क़दर प्यार से मत पूछ मिरा हाल कि मैं,
बंदा-ए-इश्क़[3] हूँ आज़ार[4] की आदत है मुझे।
आप तो ख़ैर ज़माने से मुझे जानते हैं,
आप भी ऐसा समझते हैं तो हैरत है मुझे।
उस को मालूम नहीं है कि मैं सब जानता हूँ,
और ये जानना ख़ुद एक अज़ीयत[5] है मुझे।
मुझको ले जाओ, कहीं छोड़ के आ जाओ 'नबील',
मेरे होने से भला कौन सी राहत है मुझे।

---

1. सामना, 2. डर/बेचैनी, 3. प्यार का ग़ुलाम/आदमी, 4. उत्पीड़न, 5. पीड़ादायक

86

ज़रा सी देर में मेरा गुमान[1] टूट गया।
दिया जला भी ना था शमादान टूट गया।
तुम्हारा साथ अगर हो तो जोड़ सकता हूँ,
वो सिलसिला जो सर-ए-दास्तान टूट गया।
बस इतना जान लो रिश्तों को मौत आई थी,
ये फिर बताएँगे क्यों ख़ानदान टूट गया।
वो यूँ गया कि कभी लौट कर नहीं आया,
मकीं[2] के ग़म में बिलआख़िर[3] मकान टूट गया।
ये किस के जाते ही चेहरों पे धूप आन पड़ी,
ये किस के हिज्र में हर साएबान[4] टूट गया।
ये मेरी जात के माबद[5] में किस ने पाँव रखा,
महक उठे दरो-दीवार, ध्यान टूट गया।

---

1. भरम, 2. मकान में रहने वाले, 3. अंतत:, 4. शामियाना/छतरी, 5. पूजाघर/इबादतगाह

87

हम अपनी मंज़िल-ए-परवाज़ का निशाँ[1] लेकर।
उतर रहे हैं ज़मीनों पे आसमां लेकर।
बचे-खुचे हुए कुछ ख़्वाब भी गँवा आए,
यक़ीन बेच रहा था कोई गुमाँ लेकर।
पुकारता है हमें शाम के किनारे से,
कोई सरापा तहय्युर[2], चिराग़-ए-जाँ[3] लेकर।
वो गुल इज़ार[4], वो गुल-पैरहन[5], वो गुल अन्दाम[6],
कहाँ गया चमन-ए-जाँ की तितलियाँ लेकर।
गुज़रते दिन के तआक़ुब[7] में चलते जाते हैं,
गुज़श्ता[8] रात का आँखों में हम धुआँ लेकर।
खड़े थे दोनों बहुत देर सर झुकाए हुए,
बिखरते रिश्तों की आँखों में किर्चियाँ लेकर।
वो तुम ही थे या कोई और था जो हमको 'नबील',
तमाम रात फिरा था यहाँ-वहाँ लेकर।

---

1. उड़ान के गंतव्य स्थान की निशानी, 2. सम्पूर्ण अचरज, 3. दिल का चिराग़, 4. फूलों का पाजामा पहने हुए, 5. फूलों का परिधान पहने हुए, 6. जिसका शरीर भी फूलों जैसा है, 7. पीछा करना, 8. बीती

88

कौन रौशन दयार-ए-जान[1] में है।
किस की ख़ुशबू अभी मकान में है।
ख़त्म होने को है हुकूमत-ए-शब[2],
इक नई सुब्ह शमादान में है।
जाने क्या चीज़ ढूँढ़ती है नज़र,
जाने क्या चीज़ आसमान में है।
शोर बहने लगा है आँखों से,
ख़ामुशी आज इम्तेहान में है।
इक तरफ़ तुम हो, इक तरफ़ मैं हूँ,
एक दीवार दरमयान[3] में है।
जाल फैला हुआ है चारों तरफ़,
दिल का पंछी मगर उड़ान में है।

1. दिल की बस्ती, 2. रात की हुकूमत, 3. बीच में

89

ख़्वाबों से बिछड़ना मुझे मंजूर नहीं था।
हालाँकि मैं ताबीर[1] से कुछ दूर नहीं था।
ये कैसा सफ़र आके मिरे पाँव लगा है,
अब वो भी बहुत दूर है जो दूर नहीं था।
ये क्या हुआ हर आँख मुरव्वत[2] से है ख़ाली,
ऐसा तो मिरे शहर का दस्तूर[3] नहीं था।
इस फ़ैसला-ए-ज़बर[4] पे हम जान से गुज़रे,
वो फ़ैसला, इस दिल को जो मंजूर नहीं था।

---

1. स्वप्न फल, 2. उदारता, 3. क़ानून, 4. मन मार कर लिया गया फ़ैसला

90

दास्ताँ[1] में आज शब इक ऐसा मंज़र आ गया।
सुनके जिसको मैं अचानक लौट कर घर आ गया।
क़ैद करके घर के अंदर अपनी तन्हाई को मैं,
मुस्कराता गुनगुनाता घर से बाहर आ गया।
मुस्तक़िल[2] मेरे तआक़ुब में थी शब ज़ादों की फ़ौज़,
मैं भी फिर मैदान में सूरज उठाकर आ गया।
जल चुके जब रात के बिस्तर पे ख़्वाबों के बदन,
उजड़ी ताबीरों[3] का ग़म आँखों के अंदर आ गया।
मेरी राह-ए-जुस्तजू[4] में यूँ हुआ अक्सर 'नबील',
एक दरिया सर किया था इक समंदर आ गया।

---

1. कहानी, 2. लगातार, 3. स्वप्न फल, 4. तलाश की राह

91

इसीलिए तो फ़िज़ाओं[1] में बे-ख़ुदी[2] कम है।
कि बाँसुरी के सुरों में तिरी हँसी कम है।
बिखर रही है हवाओं में एतबार[3] की राख,
और इंतिज़ार की मुट्ठी में ज़िंदगी कम है।
पुराने पेड़ को चिड़ियाँ न छोड़ जाएँ कहीं,
बला की धूप है और छाँह भी घनी कम है।
फिर उस की सम्त रवाना है जुस्तुजू मेरी,
कि जिस ख़याल के हिस्से में शायरी कम है।
बहुत से चाँद-सितारे उगा रहा हूँ 'नबील',
मिरी ज़मीन पे सूरज की रोशनी कम है।

---

1. हवा/माहौल, 2. आत्मविस्मृति/अपने आप को भूल जाना, 3. विश्वास

92

जिस तरफ़ देखो हज़ारों सिलसिले बेताब[1] हैं।
इक हमारी जुस्तुजू है और हम नायाब[2] हैं।
रूह के अंधे कुएँ में झाँक कर पाओगे क्या,
चंद ज़ख़्मी ख़्वाहिशें हैं कुछ पुराने ख़्वाब हैं।
होश वालों से कोई कह दे कि अपने घर को जाएँ,
दश्त में आवारगी करने के भी आदाब[3] हैं।
बादलो जाकर बुझाओ प्यासे दरियाओं की प्यास,
हम वो सहरा हैं जो अपने आप में सेराब[4] हैं।
सिर्फ़ तुम ही तो नहीं थे मेरे जीने का सबब[5],
ज़िंदा रहने के मिरी जाँ और भी अस्बाब[6] हैं।
आँख से दरिया बहाने का नतीजा भी तो देख,
ख़्वाब के सारे इलाक़े आज ज़ेरे आब[7] हैं।
वर्ना जिसको देखिए वो दस्त-बस्ता[8] है 'नबील',
हम ही शायद शहर में नावाक़िफ़-ए-आदाब[9] हैं।

---

1. बेचैन, 2. अप्राप्य/दुर्लभ, 3. शिष्टाचार, 4. सिंचित/भरपूर पिए हुए, 5-6. कारण-कारणों, 7. पानी, 8. हाथ जोड़े, 9. जिन्हें शिष्टाचार का पता नहीं

93

तिरी तलाश में जाँ से गुज़रने वाला हूँ।
मुझे सँभाल कि अब मैं बिखरने वाला हूँ।
मिरा तरीक़ा ज़रा मुख़्तलिफ़[1] है सूरज से,
जहां पे डूबा वहीं से उभरने वाला हूँ।
वो इक सवाल कि जिसका कोई जवाब नहीं,
उसी सवाल की तह में उतरने वाला हूँ।
मैं अपने साथ गए मौसमों के रंग लिए,
नई फ़िज़ाओं में परवाज़[2] करने वाला हूँ।
'नबील' कोई ख़बर कर दे दुश्मन-ए-जाँ को,
कि उस के शहर में कुछ दिन ठहरने वाला हूँ।

---

1. अलग/हट के, 2. उड़ान

94

दश्त-ओ-सहरा में समंदर में सफ़र है मेरा।
रंग फैला हुआ ता-हद्द-ए-नज़र[1] है मेरा।
तूने इस बार तो बस मार ही डाला था मुझे,
मैं हूँ ज़िंदा तो मिरी जान हुनर है मेरा।
शायरी, इश्क़, ग़म-ए-रिज़्क़[2], किताबें, घरबार,
कितनी सम्तों में बयक-वक़्त[3] गुज़र है मेरा।
नहीं मालूम उसे इस की ख़बर है कि नहीं,
वो किसी और का चेहरा है, मगर है मेरा।
बाग़बाँ[4] ऐसा कि मिट्टी में मिला बैठा हूँ,
शाख़ दर शाख़ दरख़्तों[5] पे असर है मेरा।
आज तक अपनी ही तरदीद[6] किए जाता हूँ,
आज तक मेरे ख़द-ओ-ख़ाल[7] में डर है मेरा।

---

1. जहाँ तक दिखाई पड़ता है, 2. रोज़ी-रोटी की फ़िक्र, 3. एक ही समय में, 4. बाग़ का रखवाला/माली, 5. पेड़ों, 6. इनकार/खंडन, 7. शारीरिक बनावट

95

नक़्श बर आब[1] बनाए मैंने।
नए गिर्दाब[2] बनाए मैंने।
छोड़ कर मुझको उसे जाना पड़ा,
ऐसे असबाब[3] बनाए मैंने।
या तो ये है कि बनाए ही नहीं,
या तो नायाब बनाए मैंने।
तेरे चेहरे से उजाला लेकर,
चंद महताब[4] बनाए मैंने।
रोज़ दुश्मन हुई दुनिया मेरी,
रोज़ अहबाब[5] बनाए मैंने।
रात के चाक पे थी नींद 'नबील',
कूज़ा-ए-ख़्वाब[6] बनाए मैंने।

---

1. पानी पर निशान, 2. भंवर, 3. कारण/हालत, 4. चाँद, 5. साथी, 6. ख़्वाब का प्याला

96

अगरचे ज़हन[1] के कशकोल[2] से छलक रहे थे।
ख़याल शेअर में ढलते हुए झिझक रहे थे।
कोई जवाब ना सूरज में था ना चाँद के पास,
मिरे सवाल सर-ए-आसमां चमक रहे थे।
ना जाने किस के क़दम चूमने की हसरत[3] में,
तमाम रास्ते दिल की तरह धड़क रहे थे।
किसी से ज़हन जो मिलता तो गुफ़्तगू करते,
हुजूम-ए-शहर[4] में तन्हा थे हम, भटक रहे थे।
ये उस ने देखा था इक रक़्स-ए-नातमाम[5] के बाद,
वफ़ूर-ए-शौक़[6] में कौन-ओ-मकाँ[7] थिरक रहे थे।

---

1. दिमाग़, 2. भिक्षापात्र, 3. लालसा/इच्छा, 4. शहर की भीड़, 5. अधूरा नृत्य, 6. अतिउत्साह, 7. ब्रह्मांड

97

वहशत के इस शोर को मुझमें मर जाने दे थोड़ी देर।
सूख गया है सोच का दरिया भर जाने दे थोड़ी देर।
कब तक दश्त–नवर्दी[1] या–रब कितने जंगल काटूँगा,
अच्छा लौट के आ जाऊँगा घर जाने दे थोड़ी देर।
लंबी रातें, सर्द हवाएँ, टूटा-फूटा मेरा घर,
तारीकी[2] में छू ले आकर डर जाने दे थोड़ी देर।
तेरी याद में तारे गिनते बीत गई है सारी रात,
सुब्ह हुई वो सूरज निकला, मर जाने दे थोड़ी देर।

1. जंगल बयाबान में फिरना/भटकना, 2. अँधेरा

98

ज़ख़्म[1] सह लेता सभी मैं, तीर से तलवार तक।
बात आ पहुँची मगर सर से मिरी दस्तार तक।
सोच का हर ज़ाविया[2] उलझा है रेशम की तरह,
फ़ैसले बिखरे पड़े हैं ज़हन से इज़हार[3] तक।
बरसबील-ए-तज़किरा[4] उस से बता देना कभी,
दिल ने कितने रंग बदले दर्द से इक़रार[5] तक।
मंज़िलें आवारगी की ज़द में आकर खो गईं,
फ़ास्ले बढ़ते गए इमकान[6] से रफ़्तार तक।
और जब कोह-ए-निदा[7] से बच के मैं वापिस हुआ,
हर बशर[8] पत्थर का था इस पार से उस पार तक।

---

1. घाव, 2. कोण, 3. अभिव्यक्ति, 4. बात निकली है तो/केवल चर्चा हेतु, 5. स्वीकार, 6. सम्भावना, 7. वाणी का पहाड़, 8. मनुष्य

99

समझ में कुछ नहीं आता है यारो, कैसा हूँ।
ख़ुद अपना रास्ता रोके हुए मैं बैठा हूँ।
ये ठाट-बाट नुमाइश[1] है और कुछ भी नहीं,
सुनहरी डोर से बाँधा हुआ परिंदा हूँ।
जिगर निकाल के हाथों में रख दिया लेकिन,
ये उस की ज़िद है कि साबित करूँ मैं सच्चा हूँ।
तुम्हारी बात अलग है तुम्हारी सोच जुदा,
मगर मैं जैसा था पहले अभी भी वैसा हूँ।
गयूर तुम हो तो मैं भी बहुत अना परवर[2],
मैं सात पर्दों में जीता हूँ और मरता हूँ।
'नबील' कुछ भी तो अपना नहीं है मेरे पास,
किसी की क़र्ज़ हैं साँसें किसी का चेहरा हूँ।

1. दिखावा, 2. स्वाभिमानी/अहंमानी

100

ज़ख़्म-ज़ख़्म चेहरे पर इक सुकून रक़्साँ[1] था।
और वो सुकूँ मेरी ज़िंदगी का सामाँ[2] था।
जाने कौन था जिसने हैरतों के दरवाज़े,
ऐसे वा किए मुझ पर उम्र-भर मैं हैराँ[3] था।
अक्स मेरी नज़रों का उस हसीन चेहरे पर,
देर तक चमकता था दूर तक नुमायां था।
बात गो पुरानी है फिर भी याद आती है,
मुझसे बेवफ़ाई पर वो बहुत पशेमाँ[4] था।
छिन गए थे पल-भर में सब निशान मंज़िल के,
हर क़दम परेशां था, रास्ता गुरेज़ां[5] था।
रात इक अजब मंज़र मैंने ख़्वाब में देखा,
सरनगूँ[6] हवाएँ थीं हर तरफ़ चिराग़ां था।

---

1. नृत्य की मुद्रा में, 2. किसी काम के लिए उसकी आवश्यक वस्तुएँ/सामग्री, 3. आश्चर्यचकित, 4. पछतावा करता हुआ, 5. अनिच्छुक, 6. सर झुकाए

101

ख़ाक[1] होने से मुझे उस ने बचाया भी नहीं।
हो चुका ख़ाक तो फूँकों से उड़ाया भी नहीं।
लुटने वाला मैं अजब हूँ कि बड़ी ज़ल्दी में,
लुट गया और कोई शोर मचाया भी नहीं।
एक तस्वीर जो लफ़्ज़ों से बना रक्खी है,
एक चेहरा जो ख़यालों से मिटाया भी नहीं।
हाल-ए-दिल राज़ की सूरत मिरे सीने में रहा,
उसने पूछा भी नहीं मैंने बताया भी नहीं।
दरो-दीवार[2] ना पढ़ लें मिरी आँखों में तुझे,
मैंने इस डर से चराग़ों को जलाया भी नहीं।

---

1. मिट्टी-राख/मर-मिट जाना, 2. दरवाज़ा और दीवार

102

हमारे बीच है क्यों इतना फ़ासला[1] जानां।
ये एक बात किसी रोज़ सोचना जानां।
मैं तेरे शहर की गलियों में गुम हुआ ऐसे,
नहीं है कोई पलटने का रास्ता जानां।
बहुत ग़रूर है अपनी इनायतों[2] पे तुझे,
तो मेरा साथ ना दे हो जा बेवफ़ा जानां।
भटक रहा हूँ तिरे हिज्र[3] की थकान लिए,
समेट ले ये जुदाई ये फ़ास्ला जानां।
'नबील' ने तिरी साँसों में ख़ुशबुएँ भर कर,
कुछ और भी तुझे मग़रूर[4] कर दिया जानां।

---

1. दूरी, 2. परोपकार, 3. जुदाई, 4. घमंडी/अभिमानी

103

रक़्स हैरान है पैरों में किरन बाँधे हुए।
जैसे इक शेअर, नया रंग-ए-सुख़न[1] बाँधे हुए।
तू कहाँ खो गई ए नींद कि सड़कों पे तिरी,
कब से फिरता हूँ मैं ख़्वाबों का बदन बाँधे हुए।
एक शहकार[2] तराशूँ मैं तिरे हुस्न के नाम,
हर रग-ए-संग[3] से फ़नकार का फ़न बाँधे हुए।
किर्चियाँ चुनता हूँ मैं अपने अधूरे कल की,
एक भरपूर सवेरे की लगन बाँधे हुए।
चाँद भी डूब रहा था मिरे दिल के हमराह,
अपना ग़म, अपनी थकन, अपनी जलन बाँधे हुए।
कौन ये मेरी ग़ज़ल गाता है सहरा में 'नबील',
अपनी आवाज़ में सदियों की अगन[4] बाँधे हुए।

---

1. शब्द/काव्य का रंग, 2. मास्टरपीस, 3. पत्थर की तंत्रिका/नस, 4. आग

104

सुब्ह जब रात के ज़िंदान[1] से बाहर आई।
रौशनी, सोच के ऐवान[2] से बाहर आई।
शाम-ए-ग़म मैंने जो पूछा मिरा ग़मख़्वार[3] है कौन,
इक ग़ज़ल मीर के दीवान[4] से बाहर आई।
मैंने थक-हार के जब ज़ाद-ए-सफ़र[5] खोला है,
एक उम्मीद भी सामान से बाहर आई।
किस के चेहरे की चमक जाँ में समोने के लिए,
ज़िंदगी दीदा-ए-बेजान[6] से बाहर आई।
मैंने कुछ रंग उछाले थे हवाओं में 'नबील',
और तस्वीर तिरी, ध्यान से बाहर आई।

---

1. जेल, 2. सदन, 3. हमदर्द/दिलासा देने वाला, 4. उर्दू का श्रेष्ठ कवि 'मीर' का काव्य-संग्रह, 5. सफ़र का सामान/खान-पान जो मुसाफ़िर घर में बाँध कर चलता है, 6. बेजान आँखें

105

हमारे ख़्वाब की तशकील[1] हो रही है अभी।
ये रात नींद में तहलील[2] हो रही है अभी।
ये किस का ज़िक्र धड़कने लगा दरून-ए-दिल[3],
ये किस के दर्द की तरसील[4] हो रही है अभी।
अमीर-ए-शहर[5] से मत कीजिए सवाल-जवाब,
फ़साद-ए-शहर[6] की तावील[7] हो रही है अभी।
'नबील'! मैं हूँ, मिरी वहशतें हैं, सहरा है,
जुनून-ए-शौक़ की तकमील[8] हो रही है अभी।

---

1. निर्माण, 2. विलयन/घुलना, 3. दिल के अंदर, 4. भेजना/ प्रेषण, 5. शहर का हाकिम, 6. शहर में दंगा, 7. स्पष्टीकरण/किसी बात का असली अर्थ से हटकर दूसरा अर्थ, 8. पूर्ति/ समाप्ति

106

वक़्त की आँखें पढ़ते-पढ़ते पत्थर हो गया मैं।
रफ़्ता-रफ़्ता ख़ुद को तराशा[1], आज़र हो गया मैं।
उम्र गुज़ारी घर का हर इक कोना बाँध के रखने में,
और फिर इक दिन अपने घर से बाहर हो गया मैं।
इक आवाज़ लिए फिरती थी मुझको शहर ब शहर,
जाने कहाँ कब पाँव रुके और पत्थर हो गया मैं।
मैं इक जुगनू, कब तक लड़ता काली रातों से,
एक तुम्हारे आ जाने से लश्कर हो गया मैं।
जब से उन हैरान आँखों ने नज़रें फेरी हैं,
ख़्वाब तमाशा ख़त्म हुआ, बे-मंज़र[2] हो गया मैं।

---

1. छेनी से काट कर मूर्ति बनाना, 2. अदृश्य

107

मुझमें सिमटी रात का मंज़र[1] बदलता क्यों नहीं।
मुद्दतें गुज़रीं कोई सूरज निकलता क्यों नहीं।
मुंज़मिद[2] होने लगा इज़्हार[3] का पूरा बदन,
ये मिरी आवाज़ का चेहरा पिघलता क्यों नहीं।
वो लहू, ग़र्क़ाब[4] है जिसकी तहों में रोशनी,
मेरी आँखों के किनारों से उबलता क्यों नहीं।
तेरे सब टूटे सितारे ढूँढ़ने निकला हूँ मैं,
ऐ फ़लक तू भी मिरे हमराह चलता क्यों नहीं।
मुस्तक़िल इक इन्हिराफ़ी कैफ़ीयत[5] की ज़द में हूँ,
कोशिशों के बाद भी लहज़ा बदलता क्यों नहीं।

---

1. दृश्य, 2. जमा हुआ, 3. अभिव्यक्ति, 4. डूब जाना, 5. विचलन/पलट जाने की हालत

108

इक इंतिज़ार के लम्हे बिछाए बैठा हूँ।
सरा-ए-दर्द[1] में डेरा जमाए बैठा हूँ।
'नबील' रेत में सिक्के तलाश करते हुए,
मैं अपनी पूरी जवानी गँवाए बैठा हूँ।
बहुत तलब थी मुझे रौशनी में रहने की,
सो यूँ हुआ है कि आँखें जलाए बैठा हूँ।
ये देखो चाँद, वो सूरज, वो उस तरफ़ तारे,
इक आसमान ज़मीं पर सजाए बैठा हूँ।
ये शहर क्या है निकलता नहीं कोई घर से,
कई दिनों से तमाशा लगाए बैठा हूँ।
जो लोग दर्द के गाहक हैं सामने आएँ,
हर एक घाव से पर्दा उठाए बैठा हूँ।
अजीब आलम-ए-वहशत है ये अज़ीज़ 'नबील',
मैं रेगज़ार[2] में कश्ती बनाए बैठा हूँ।

1. दर्द की सराय, दर्द के ठहरने की ज़गह, 2. रेत के मैदान

109

ये किस ने हाथ बढ़ाया हुआ है मेरी तरफ़।
मिरे चिराग़ उड़े जा रहे हैं किस की तरफ़।
ये किस ज़मीं की कशिश खींचती है मेरे क़दम,
ये कौन लोग बुलाते हैं मुझको अपनी तरफ़।
सराब[1] रंगों का फैला था यूँ तो हर जानिब,
मगर वो रंग जो आया था उड़ के मेरी तरफ़।
मुझ इक नज़र ने तुम्हें देर तक पुकारा था,
तमाम शहर की नज़रें थीं जब तुम्हारी तरफ़।
रखी हुई थी कोई तेग़ मेरी गर्दन पर,
लपक रहे थे कई तीर मेरे सर की तरफ़।
बुला रही थी मुसलसल सियाह रात 'नबील',
कुहर[2] में डूबे हुए जंगलों के अगली तरफ़।

---

1. मरीचिका/वह रेत जो गर्मियों में दूर से पानी की तरह चमकता हुआ दिखाई पड़ता है और प्यासे उसे पानी समझकर उसकी ओर दौड़ते हैं, 2. कोहरा

110

आएँगे नज़र सुबह के आसार[1] में हम लोग।
बैठे हैं अभी पर्दा-ए-असरार[2] में हम लोग।
लाए गए पहले तो सर-ए-दश्त-ए-इजाज़त[3],
मारे गए फिर वादी-ए-इनकार[4] में हम लोग।
इक मंज़र-ए-हैरत[5] में फ़ना[6] हो गईं आँखें,
आए थे किसी मौसम-ए-दीदार[7] में हम लोग।
हर रंग हमारा है, हर इक रंग में हम हैं,
तस्वीर हुए वक़्त की रफ़्तार में हम लोग।
ये ख़ाकनशीनी[8] है बहुत, ज़िल्ल-ए-इलाही,
जँचते ही नहीं ज़ुब्बा-ओ-दस्तार[9] में हम लोग।
अब यूँ है कि इक वस्ल[10] का मातम है शब-ओ-रोज़[11],
चुनवाए गए हिज्र[12] की दीवार में हम लोग।
सुनते थे कि बिकते हैं यहाँ ख़्वाब सुनहरे,
फिरते हैं तिरे शहर के बाज़ार में हम लोग।

---

1. लक्षण/संकेत, 2. राज़ के पर्दे में, 3. इजाज़त के मैदान के आख़िरी छोर पर, 4. इनकार की घाटी, 5. अचरज वाला दृश्य, 6. मिट जाना, 7. देखने का मौसम, 8. ज़मीन पर बैठना/विनीत, 9. अरबी परिधान व पगड़ी, 10. मिलान, 11. रात-दिन, 12. जुदाई

111

न रूह से धुआँ उठा, न आँख ही लहू हुई।
ये किस तलब की चाँदनी में रात सुर्ख़-रू[1] हुई।
मैं अपनी ज़ात का सफ़र तमाम करके रुक गया,
फिर उस के बाद रास्तों से मेरी गुफ़्तगू हुई।
हमें तो अपनी जुस्तजू भी ख़ुद से दूर ले गई,
तुम्हारी जुस्तजू तो फिर तुम्हारी जुस्तजू हुई।
ज़मीं ठहर ठहर गई, फ़लक सिमट सिमट गया,
कोई सदाए-नीम-जान[2] ऐसे कू बकू हुई।
हर एक आँख रेत थी हर एक दिल सराब था,
मगर वो एक तिश्नगी जो मुझमें आबजू हुई।

1. कामयाब, 2. अधमरी आवाज़

112

कभी जुनूब[1] में हूँ मैं, कभी शुमाल[2] में हूँ।
कई दिनों से सितारों की उल्टी चाल में हूँ।
यहाँ से निकलूँ तो फिर रास्ता दिखाई दे,
अभी तो उलझा हुआ रोशनी के जाल में हूँ।
ये तुम नहीं हो तो फिर कौन मुझमें रहता है,
बहुत दिनों से मुसलसल इसी ख़याल में हूँ।
वो एक लम्हा जो आया नहीं अभी मुझ तक,
मैं आजकल उसी लम्हे की देख-भाल में हूँ।
ख़बर नहीं है कि कब तक क़ियाम[3] होगा यहाँ,
रुका हुआ किसी चेहरे के ख़द्दोख़ाल[4] में हूँ।
सबब पता नहीं, बस इतना जानता हूँ कि मैं,
बहुत उदास हूँ और मौसम-ए-मलाल[5] में हूँ।
हथेलियों से लकीरें भी मिटती जाती हैं,
'नबील' क्या मैं किसी ख़ित्त-ए-ज़वाल[6] में हूँ।

1. दक्खिन, 2. उत्तर, 3. ठहरना, 4. बनावट, 5. पछतावे का मौसम, 6. गिरावट का इलाक़े

113

ये कैसा सफ़र है जो ठहरने लगा मुझमें।
ये दश्त है कैसा जो गुज़रने लगा मुझमें।
ये कौन बुलाने लगा मुझको मिरी जानिब,
ये कौन सर-ए-शाम उतरने लगा मुझमें।
सिमटी हुई इक रात बिखरने लगी हरसू,
खोया हुआ इक चाँद उभरने लगा मुझमें।
इक गुमशुदा आवाज़ ने आवाज़ दी मुझको,
इक नश्शा-ए-कमयाब उतरने लगा मुझमें।
फिर मैंने 'नबील' आख़िरी इक तीर निकाला,
फिर जंग का मैदान सँवरने लगा मुझमें।

114

मैं नींद के ऐवान[1] में हैरान था कल शब[2]।
इक ख़्वाब मिरी आँख का मेहमान था कल शब।
क्या जानिए क्या उस की नदामत[3] का सबब था,
क्या जानिए क्यों मैं भी पशेमान था कल शब।
किस ग़म में बिखरते रहे आकाश पे तारे,
क्यों चाँद परेशान-परेशान था कल शब।
फिर मुझ को हुई सुबह-ए-मुनव्वर की बशारत[4],
फिर दूर तलक रास्ता आसान था कल शब।
हर आन कोई याद चमकती रही दिल में,
हर लमहा कोई शोर था, तूफ़ान था कल शब।
इक नूर था फैला हुआ इस सम्त से उस सम्त,
जुगनू मिरी उम्मीद की पहचान था कल शब।
ठहरी हुई लगती थी 'नबील' ऐसे हर इक शैय[5],
जैसे कि बदन वक़्त का बे-जान था कल शब।

1. सदन, 2. रात, 3. अफ़सोस/पछतावा, 4. चमकी सुबह की ख़ुशख़बरी, 5. वस्तु

115

सहरा की सम्त एक समंदर उछाल कर।
मैं आ रहा हूँ प्यास को हैरत में डाल कर।
ठहरा हुआ हूँ, होने न होने के दरमियाँ,
अपने बदन की क़ैद से ख़ुद को निकाल कर।
आओ ज़रा सी देर सही खुल के मुस्कराएँ,
दुनिया के मसअलों को पस-ए-पुश्त[1] डाल कर।
पानी नहीं ये बहते हुए अक्स हैं मियां,
दरिया में पाँव रखना ज़रा देख-भाल कर।
ऐसा ना हो कि तू भी बिखर जाए मेरे साथ,
मुझको मिरे वजूद[2] में फ़ौरन[3] बहाल कर।

---

1. पीठ के पीछे, 2. अस्तित्व, 3. तुरन्त

116

जलते हुए हुए ज़ख़्मों का निशाँ बाँध लिया है।
ये किस ने चराग़ों का धुआँ बाँध लिया है।
इक छाँव से लहज़े ने छुपा ली है कड़ी धूप,
इक रंग ने सब रंग-ए-ख़िज़ां[1] बाँध लिया है।
कुछ लोग हैं जो ज़ेहन के कोनों में पड़े हैं,
कुछ ग़म हैं जिन्हें ज़ेरे ज़बाँ बाँध लिया है।
बिखरी हुई इक राहगुज़र आँख में रख ली,
और पुश्त[2] पे इक टूटा मकाँ बाँध लिया है।
किस अक्स की हैरत है कि हर अक्स-ए-दिगर[3] ने,
आईने में आसेब-ए-गुमाँ[4] बाँध लिया है।
कश्ती की हर इक साँस में रौशन हुआ दरिया,
पतवार ने जब आब-ए-रवाँ[5] बाँध लिया है।

---

1. पतझड़ का रंग, 2. किसी दूसरे का दर्पण, 3. शक की तंत्रिकाएँ, 4. बहता पानी

117

आरज़ुओं के पर जलाएँ क्या।
क्या करें ख़ुद को भूल जाएँ क्या।
क्यों नहीं देखता है वो मुड़कर,
मर गईं राह में सदाएँ क्या।
माँ तिरी याद आ रही है बहुत,
तूने भेजी हैं कुछ दुआएँ क्या।
जो भी होना था हो चुका सब कुछ,
सर पे अब आसमां उठाएँ क्या।
हिज्र तारी है, ग़म बरसता है,
ऐसे मौसम में मुस्कराएँ क्या।
जिसने सीना जला दिया था 'नबील',
अब वो क़िस्सा तुम्में सुनाएँ क्या।

118

बहुत अच्छी नहीं है साहिबा ! क़ुरबत[1] हमारी।
बिगाड़ेगी तुम्हें भी एक दिन सोहबत[2] हमारी।
मियां तुम क्या ख़रीदोगे हमारे ख़्वाब, जाओ,
लगा सकते नहीं नींदों की भी क़ीमत हमारी।
हमारा हिज्र क्या है रौशनी का एक वक़्फ़ा[3],
इसी वक़्फ़े में है सिमटी हुई वुसअत[4] हमारी।
उधर आबाद हैं हर आँख में आईना-ख़ाने,
लिए जाती है हमको जिस तरफ़ हैरत हमारी।
उठाकर ले गई हमको रवानी पानियों की,
किनारों की थकन में ज़ज़्ब[5] थी हिज़रत हमारी।

---

1. निकटता, 2. संगत, 3. अंतराल, 4. विस्तार, 5. ब्रह्मलीनता/एक में समाया हुआ

119

हर इक मंज़र[1] भिगोना चाहती है।
उदासी ख़ूब रोना चाहती है।
उन आँखों की कहानी है बस इतनी,
नज़र आवाज़ होना चाहती है।
वही मासूम सी बचपन की हसरत,
बहलने को खिलौना चाहती है।
तुम्हारे हुस्न के हैरत-कदे[2] में,
मिरी बीनाई[3] खोना चाहती है।
किसी की याद की ख़ामोश बारिश,
मिरे सब ज़ख़्म धोना चाहती है।
मुझे एक पल की यकसूई[4] अता हो,
ग़ज़ल तख़लीक़[5] होना चाहती है।
उदासी थक चुकी है रोते-रोते,
ज़रा सी देर सोना चाहती है।

ooo

1. दृश्य, 2. आश्चर्य की जगह, 3. देखने की शक्ति, 4. एकान्त, 5. निर्माण/संकलन